穴法精義

繼大師著

繼大師

#《穴法精義》—— 繼大師著

目錄

自序——《穴法精義》繼大師

在學習風水至今，筆者繼大師把過去卅多年的經驗，把關於風水及擇日的學問，寫成了四十多本書，至今（2023年十月）已出版了卅一冊，風水中的「龍、穴、砂、水、向」五大法均有涉及。

風水學中，以龍法較為易學，砂法範圍最為廣，向法及水法極為罕有，少人得知，必須得明師真傳，若論地脈形勢，其中以穴法最為難學。

學習穴法，除能懂得尋龍之外，在點取穴位前，首要觀星，這並非天上的星，而是穴後之父母星丘，歷代上等風水先生皆精於此法；若要明白穴位四週的山形，必須觀察附近地勢的高低，水之流向，定出穴前收順或逆局，或收橫水局等。

點取的穴處，以前後左右四正之星峰証穴，穴後必須有父母星丘，左右手有蝦鬚或蟹眼八字水及砂脈守護，要有羅城特朝，案前若有官星則貴，此為之：

「十字四應天心十度及五行結穴法」。亦有

「天、人、地之穴法」

穴有富、貴、貧、賤、好、壞、吉、凶等等。亦有擇地造葬之忌諱，穴葬之「五要六凶」、青烏七不葬、青烏十不相等，皆出自古書《青烏經》。此等穴法秘密，會在本書詳述。

另外筆者繼大師經驗中的風水秘法，有：「真穴立向四法、量度向度的技巧、羅城凹峰及坳風射穴之看法、巒頭方位避煞法、墳墓四週築牆的秘密、如何決定陽居及陰墳的元運等，皆是風水學中的秘法精要。

筆者繼大師今將穴法重新演繹，以中國山水立體畫圖形表達，並加相片作為插圖，書名：

《穴法精義》

是書宜與《風水秘義》一書一同參看，兩書互有關聯，相得益彰，內容詳盡，既可收藏，適合業餘或職業風水師鑽研。最後附上筆者繼大師著**《點穴、界水及羅城歌訣》**及解釋，期望讀者有所得着，是為序。

繼大師寫於香港明性洞天
癸卯年季秋吉日

（一）來龍觀星辰點穴之要訣

繼大師

唐、楊筠松風水祖師著《疑龍經》，在道光 14 年公元 1834 年由清、孝廉 ── 寇萬川先生註，又在光緒 18 年壬辰年（1892 年）由榮錫勳生先生再解註，這最後一段在清朝的**《四庫全書》**內**《疑龍經》**並沒有記載，內云：

「今人裁穴多論向。更不觀星後龍上。觀星裁穴始為真。不論星辰是虛誑。」

此段經文，說明當時的人點穴只向前面看，不懂龍法、穴法之理，這皆因未得明師教授，福緣未具足之故。現時學風水之人，亦是這樣子，無論陰宅或是陽居，眼見前面風景美麗，堂局平濶，或是方向是貪狼線度，就係好地。

楊公說：**「更不觀星後龍上。觀星裁穴始為真。」**

此說法是以穴位後方之來龍脈氣為主，接得來脈，而脈後方連接着山丘，穴位後方，正靠山丘或山峰，後靠之山丘謂之「星辰」，是穴之父母星，此為之「觀星」。

找到星峰落脈是第一步驟，落脈之後若有結穴，穴始為真結，但同時左右要有砂脈守護，穴前有平托氈唇，前方有明堂、案山、朝山及羅城，群山環繞，則穴定是真結。但是穴位不能是凹窩之地，凹地則水氣浸入，穴不能使用，此謂之「犯界水」。

楊筠松著**《青囊奧語》**（《地理辨正疏》武陵版卷之二，第137頁）云：

「說五星方圓。尖秀要分明。曉高低星峰。須辨得元微。鬼與曜。生死來去真要妙。」

這「五星」就是穴之父母星辰，方平頂為土，圓頂為金，尖為火，秀為木，波浪形為水，以土、金為吉，水、木半吉凶，火星為凶，不能結穴。

蔣大鴻之徒弟姜垚註解謂：

「求穴者不知穴星是來脈爲生。鬼身是去脈爲死。察其去來而真僞立辨已。」

鬼即「鬼星」，橫龍結穴，穴星後方拖出之脈為「鬼星」，穴星是穴位來脈之關鍵地方，真穴假穴，全看穴星。

點穴之弊病，無論古今之人皆相同，這是缺乏明師傳授之故，福份未俱備，一切都是講因緣，若未成熟，這點穴功夫之要訣，很難學懂。

《本篇完》

穴後之金形星丘，可惜靠不正位，非真結也。

玉女拜堂穴之凹腦土形穴星

土形祖山，金形星結穴

火形祖山，金形星結穴。

行龍中的破軍金星

行龍中的火形廉貞星

火形文筆峰

火形星祖山

（二）點穴看水流的重要性

繼大師

廿多年前，在偶然的一個機會下，碰到同班的一位師兄，剛好他帶領一班徒弟準備去看地，筆者自告奮勇去帶路，考察在沙頭角一穴名「山雞出洞」。

到了穴附近地方，筆者繼大師沿途指點他的徒弟關於山川水流的流向及動態，但他們似乎毫不在然，以為在說閒話，不把本人的說話載進心裏。筆者心想，在穴附近的水流是非常重要的，它影響着穴的吉凶。

無論平洋龍或是山崗龍，我們考察或點取吉穴期間，一定要對整個環境地勢瞭如指掌，何處高！何處低！有多少條水流，它的形態如何……等，一旦我們找到了吉穴所在位置，就能清楚知道穴前的水是左倒右、右倒左或是逆收前方水神等，很快就能把穴四週的整個大局判斷出來。

當然，我們一定要懂得山崗龍脈之點穴方法及看流水的方向，除了能尋龍點穴之外，我們必須要細看水流，若水流源遠而來，就可知真龍龍脈的大小，水流長遠則來龍脈氣亦長，兩者關係密切。

水流以彎環屈曲為最吉祥，一屈一曲則生氣凝聚，直長直去則氣散，水流以圓形屬金，方形屬土，波浪形屬水，以金、土、水為巒頭上的三吉水，以直長直去之水為木形，三角形水流屬火，木、火形水皆是大凶，水法中之大忌。

在**《相地指迷》〈卷之五〉〈平洋金針〉〈論水第二〉**（武陵出版社，第 140 頁）云：

「水散則炁散。莫輕點穴。又當明死生。生則屈曲活動。死則直硬沖射。生者可取。死者宜棄。又宜知向背。向則彎抱有情。背則斜飛反挑。……」

筆者繼大師解釋此段意思為：

生——水流屈曲則屬「生」。

死——水流硬直而沖射則屬「死」。

無情——水流反弓背穴或背向陽居是為「無情」。反弓為「背」則諸事不順。

有情——彎抱向穴則有情，諸事順利。

斜飛——水流直斜而走為「斜飛」，斜走則人財兩敗。

反挑——水流環抱吉穴，一過穴或陽居前方中央，並突然離開而直走向前方，此為之「反挑」，一發即敗也。

當年筆者繼大師恩師 呂克明先師與文氏在香港新界新田重修其祖墳，名「蛇地」，呂師解釋：

「穴前有水流過了明堂中間，隨即反挑直走離穴方，是一發即敗的格局。」

水流一定要彎曲，生氣始能凝聚，不能直來直去，直來則沖射穴場，主損人丁，直去則人財兩敗。

《相地指迷》〈卷之九〉元、無極子著**〈平陽金口訣〉**（武陵出版社，第 227 至 228 頁）云：

「勸君平陽看水龍。灣曲是真宗。直來直去氣不收。下了死龍頭。」

水流的形態對於穴地非常重要，它能決定整個大局流動生氣的聚散。龍穴的吉凶，決定於水流的流向，例如穴前左倒右水，右方有砂脈成下關砂關鎖生氣，則主發三房。若穴前右倒左水，左方有砂脈關鎖生氣，則主發大房。若穴前方來水，則主發二房，一切均離不開水流。

因此，我們考察或是點取穴地之前，一定要觀察水流的形勢，若然找到吉穴，就能更瞭解穴情，故看水流是必要的。

《本篇完》

逆水及水聚天心局

水流從穴前白虎方來，繞過穴前往穴之青龍方去，穴收逆水局。

天心十度証穴

土形穴星，前朝火星，穴位龍虎二砂，這四應星亦是天心十度証穴。

（三）証穴法 — 天心十度

繼大師

龍穴之法，是先有真龍，然後始有真穴，但有例外，有些真龍，雖有出脈、護砂、四應之星等，但龍氣不能聚於一點，或穴是怪穴，須具道眼，始可點破，這是穴考地師，少一些功夫則不能點着，亦是福主個人福份。

一般証穴之法甚多，有明堂証穴、龍虎証穴、水口証穴、朝案証穴、樂山証穴……另有龍法、穴法及砂法等，而官、鬼、禽、曜，亦屬於砂法範圍，以穴星山丘為中心，前砂曰「官」，連接穴星後方之撐托山脈為「鬼」，出現在水口附近像動物之山丘曰「禽」，穴之左右龍虎向外之尖砂或尖石曰「曜」。

砂法範圍最廣至大，包括一切山脈地勢之看法，當中以有情或無情定吉凶，山巒若有情，作穴必吉，相反則凶，這是粗略之説法。

在龍穴砂法中，可從兩方面學習，首先是尋龍點穴之法，其次是勘察穴附近之山脈、水流對穴之影響，是為砂法及水法。以穴法說來，就是山龍所止氣之處，其証穴之法是綜合性的，不能單靠一樣方法証穴，比較粗略一些之看法，就是看四應星，亦即是四勢護穴，其原理是：

（一）穴後正後方有山峰正靠，為「後照星」，其山勢抱穴，此謂之「有情守護」。

（二）穴之正左右方有山峰守護，此謂之「夾耳」，若本身在穴脈之左右方有砂脈守護，其原理是一樣的，這即是穴之青龍及白虎砂。

（三）穴之正前方有山峰朝穴，或作單峰、雙峰、三峰、多峰等均可，此謂之「朝山」。

以穴為中心，其四方均有山峰守護，若以十字線為例，穴在十字線之中心，十字線四端便是山峰，這稱之為「巒頭上之天心十度」，亦即「天心十度証穴法」。這必須細心觀察，非由明師上山傳授不可。

在夏清先生著之**《地學精華》〈論結穴〉**有云：

「凡點此穴者。須憑外勢以審其內勢之真情。真情既得。順牽一線。後對來脈之正中處。前對案山之有情處。再對明堂聚水窩心處。坐向已定。細察左右之砂開面。向內回頭灣抱。再橫牽一線，架成十字。以為準的。」

這除了穴之前後左右四山守護外，此段《論結穴》亦說明穴與前方之間，必須有平地或湖塘，使生氣凝聚穴前，這稱之為「明堂」。而「細察左右之砂開面」，即是左右山脈或山峰成凹狀而面向穴方，是為「有情朝穴」，此即是「開面」之義。

《論結穴》又云：**「須要視其所架之十字。恰在規圓之中心。不上。不下。不左。不右。即得其穴也。此法名曰《天心十道》。能知此法。何患乎其穴之不得也。」**

這天心十道處之山，其名稱甚多，筆者繼大師列之如下：

穴後方之山 ── 又名：玄武山、蓋山、樂山、靠山、華蓋星、鬼星、特樂、 枕穴山、後照山、後應星……

穴前方之山 — 又名：朝山、案山、岸山、將山、官星、前照山、前星、特朝尊星、前應星、朱雀山……

穴左右之山 — 穴之左右曰「青龍」，右方曰「白虎」，左右高山曰「夾耳」，又名衛砂、侍砂、護砂、牛角砂、蟬翼砂、外砂……

這名稱之不同，實因作用不同，如橫龍結穴，其後方山是「樂山」，真龍來脈是「華蓋山」，穴後最近之山是「穴星」，其來龍後方有太祖山、少祖山、父母山等。穴前近山曰「案山」，遠山曰「朝山」，又名「岸山」、「將山」，圍著穴前之山群曰「羅城」。

這是山之細分，得使能更貼切地形容，其作用自顯，穴四週之山，均屬於砂之範圍，而「砂」又與「沙」同，「巒頭」是所有山水龍穴形勢之總稱，而結穴就是要能明白山脈在行進間氣止之處，這就是**「點穴之法。」**

《本篇完》

（四）五行結穴法

繼大師

穴法之中，有很多証穴的方法，但不離開五行的道理，在《珍藏古本堪輿秘笈奇書》內錄有晉 ── 郭璞（郭景純）著**《葬書》**（士林出版社第 232 頁。）其中云：

「葬者原其起。乘其止。乘金。相水。穴土。印木。…… 土欲堅而細。潤而不澤。裁肪切玉。備具五色。…… 陰陽沖和。五土四備已。穴而溫。」

筆者繼大師解釋此段的意思是：「**應該葬在有來龍脈氣之上，坐在脈氣所止之處。**」但究竟如何引証它是正確穴位所在地呢！這裡說要：「**乘金。相水。穴土。印木。**」但唯獨欠缺了五行之中的「火」。

這個是點穴之秘密口訣，筆者繼大師解釋如下：

（一）**乘金** ── 來龍由高處山峰而來，到即將結穴處，生出一圓金形星峰，左右開出二脈作龍虎砂手護穴，穴正靠圓金形星峰，此為之「乘金」。

半圓形或圓形山屬金，圓形為有情，尖形山屬火而帶煞，不能作穴星，古云：

「槍頭鼠尾不下穴。」

古人用「槍頭」與「鼠尾」去形容這種地勢，無論是山崗龍或平陽龍，都會出現這種地勢，兩者均尖頭或尖尾的地形，屬火形。「槍頭」是中國古代尖刺形的兵器，「鼠尾」顧名思義其地形像尖長的老鼠尾，若在平地上出現，屬於火形尖咀的倒地火，為「眠式火」而帶煞，故火形星不結穴。

平土形之星丘，其邊角帶圓，脈多從圓角落下而結穴，稱為「土角流金」；筆者繼大師曾勘察香港元朗屏山之〈玉女拜堂〉名穴，正是此等格局。

若有兩個或以上相連的圓金形山丘，若作穴星，為水形星丘，亦是以圓金形山丘為主；木形星是聳身略窄，圓頂或邊略帶小尖，若作穴星稱為「紫氣」；楊筠松風水祖師用「尖貪」或「尖狼」去形容頭頂帶尖火的木形山峰。

唐、楊筠松著**《撼龍經、疑龍經》**〈四庫全書版本〉（武陵出版社）第 12 至 13 頁云：

「貪狼自有十二樣。尖圓平直小為上。……平地卓然頓起笋。此是尖狼本來性。」

楊公說，在平地上不同凡響地生出一個似竹筍的山峰，這就是「尖狼」的本來面貌，其形狀是山峰頂帶尖的木形山峰。大致上來說，筆者繼大師認為穴星以金形星峰為吉祥，故用「乘金」來形容。

（二）**相水**——真龍結穴之左右必定有守護砂脈，龍虎護脈在穴前中間相交，抱着穴前內明堂，相交處為穴之出水口，當下雨時，水從穴之左右護脈內側經出水口流出，稱「金魚水、合襟水」，此為之「相水」。

（三）**印木**——真龍結穴之左右守護砂脈，古人以「印木」去形容左右之脈，即是穴之龍虎砂手。

（四）**穴土**——大凡真龍結穴，位置必居中位，後有靠山，左右有砂脈，前有朝案羅城，穴居正中之位，屬土，故以「穴土」去形容真穴。凡是真穴位置，必有蛋黃色的泥土，美麗柔潤光澤，看下去好像黏土，握上手則不濕不乾，此為之「太極暈」。

在**《地理人子須知》〈卷四上 — 穴法〉〈以太極定穴〉**（乾坤出版社第204頁）云：

「于穴場中。回顧見有圓暈。在微茫隱顯之間，是謂太極暈。上要水分暈。下要水合木。……有圓暈則生氣內聚。故為真穴。無此則非矣。」

凡真龍結穴處必有「**太極暈**」出現，筆者繼大師認為「**上要水分暈**」就是穴星落脈，其左右有微茫界水順弓抱住，脈氣所止，定是真穴而有暈土，「**下要水合木**」者是合襟水在穴之左右兩邊砂手相交處出水，「**相水**」與「**印木**」的交合處是也。

（五）**地火** — 穴下之泥土是地氣集中之處，因有地氣在其中，故土質温暖，令人覺得有舒暢的感覺，故屬火，亦不會被穴範圍附近之濕氣所侵。

五行結穴法
戊戌秋
繼大師
乘金
穴土
地火
印木
印木
相水

後照星 — 來龍祖山星峰

前照星 — 三層朝山之貴人峰

曾經有一次，筆者繼大師的朋友有一間平房木屋，其地點剛好是建在一個地氣集中的穴位上，在重建過程中，不知從哪裏來了很多青蛙，出現在其屋子的範圍及屋頂上。

由於要把地基的結構工程造好，在挖掘地下泥土時，赫然發現有大量青蛙在地下六至七呎深的地方，牠們都不願離去，時值冬天，溫度低至攝氏十多度的天氣，相信這些青蛙是吸收地氣的溫度，並在此地取暖。

《葬書》所說証穴法，唯獨欠火，筆者繼大師認為「穴而溫」正是指穴下泥土之「火」，於是五行齊備矣。

依照以上五種方法，可以引証穴之真偽，《葬書》內的「証穴法」是郭璞在接近 1700 年前所寫。（郭璞 276 年 — 324 年，今年是 2020 年。）雖如此說，但得「証穴之法」畢竟要得明師登山傳心傳眼始得真訣，經過一番練歷、考証及覆古人明師所造墳穴，始能明白：蔣大鴻地師也要經歷卅年的時間，始能精準無誤，此五行証穴法，必須得明師在穴上親授。

《本篇完》

（四）十字四應結穴法

繼大師

大凡穴位之處，必定藏風聚氣，但為什麼穴位處會生氣凝聚而不散呢！這就是要依靠四週山巒包裹着。在《珍藏古本堪輿秘笈奇書》內錄有漢 — 張子房（張良）著**《赤霆經》**（士林出版社第35頁。）其中云：

「四維有峰。拱揖皆尚。虎踞龍盤。玄武遊曳。朱雀翔集。朝揖俱至。」

「四維有峯」者即穴之前後左右所出現的山峰，**「虎踞龍盤」**即左右護脈，**「玄武遊曳」**即穴之後方來龍，**「朱雀翔集」**即穴之前方眾山群集，來朝揖穴場。

穴位四週山巒出現的原則，有下列四點，筆者繼大師述之如下：

（一）正後方有山峰，名**「後照峯」**，後靠山峰距離要近，但不要欺壓墳穴；後靠峰距離穴遠則要高大端正。

（二）穴位正正之左右方有山峰出現，以穴為我，如人之耳朵位置，因此名為「**夾耳峯**」，守護墳穴。

（三）墳穴正前方要有山峰出現，遠距離者稱為「**朝峯**」，近距離之山，要以橫放山脈的形勢出現，稱為「**案山**」。通常是遠方朝山高於近穴方之案山，穴上前方兩者同見最好。

（四）穴前若無朝案之山，但有群山環繞整個穴場，此為之「**羅城**」，雖然並非獨立之山峰出現，但必須出現在穴場的正前方，環抱吉穴，就如同墳穴正前方出現的山峰，其作用一樣。

據筆者繼大師所知，有正朝山峰則出貴，若前方羅城高過穴場，是逆水局，主發財，有貴峰及收得逆水，富貴雙全。

以穴場為中心，此四峰同時出現，稱為「**四應星**」。在**《地理人子須知》〈卷三下〉〈穴法〉**（乾坤出版社第 188 頁。）**〈論天心十道證穴〉**云：

「天心十道者。前後左右四應之山也。穴法得後有蓋山。前有照山。左右兩畔有夾耳之山。謂之四應登對。蓋、照、夾、拱。故以此證穴。不可有一位空缺。

凡真穴必有之。點穴之際。須宜詳審。勿使偏脫。即為失穴吉地。變為凶地。故左右夾耳之山不可脫。前不可脫後，前後蓋照之山不可偏左。不可偏右。如十字登對為美。《琢玉集》云：發露天機真脈處。十字峰為據。」

有一些穴地，據筆者繼大師瞭解，無論陰墳或陽居結地，四應之山並非全部端正而面朝吉穴，如背穴或歪斜，或是反背側身，則吉穴地點成疑；這是以外圍山峰去証明是否真穴的其中一個方法。但最重要的，筆者繼大師認為就是內在吉穴能乘得來龍脈氣，不為界水所侵或衝射。

一般人點穴，若功夫未到家，往往忽略了真穴的所在地，是否遭受水煞所傷，這是很細微的地方，要小心觀察為妙。

另外正後方的山峰，不能偏斜，五行星峰不能相尅，如祖山是尖火形山峰，父母星是圓金形山峰，為火剋金，不吉，主父親迫害兒子。又或者朝山是是尖火形山峰，案山是太陰圓金形山峰，亦是火剋金，主後代子孫二房兒子叛逆父親。

若左方的山峰反側無情，主大房不孝；若在右方，則主三房不孝；筆者繼大師認為原則上四正之山峰要端正來就，不可歪斜、側身、反背、嶙峋，這皆是無情之砂，出叛逆之後代，甚至弑父弑母，故吉穴宜小心選擇。

《本篇完》

（六）官星証穴法

繼大師

在穴法之中，風水古籍並沒有〈官星証穴法〉之記載，官星只是砂法中之一環，與水口之「禽星」（禽星是屬於羅星之一種）、與撐着穴星後方之「鬼星」及穴位左右方砂脈上的「曜星」，合共為「官、鬼、禽、曜」四星，是在吉穴四週常出現的砂物。

明、國師張洞玄秘傳有**《玉髓真經》**（武陵出版社出版，精裝版，書號A — 21）**〈官星論髓第十〉**（第六八〇至七一六頁）其中第六八八頁云：

「官星雖多圓齊。亦間有尖者。在龍虎之前者，皆名曰官。不可為曜。」

這必須要解釋一下：

以繼大師之認知，大凡真穴，近穴之左右方必須有護脈；以穴本身來說，左脈為龍，右脈為虎，屬於砂的範圍，龍虎二砂交抱於穴前，使生氣聚於穴前內明堂處，通常穴之正前方，一般會正對龍虎二砂之交會中間處，為穴前之出水口方，尖形砂脈與緊貼龍虎二砂之背脈相連，尖砂向出，在穴上不見，此為之「官星」。

官星可以出現在穴前面青龍砂之背後，或出現在穴前面白虎砂背後，通常官星出現在穴前近方橫案之山的背後，正對穴場而在穴上不見，為典型的官星。

官星要尖砂向出，穴上不見，為真官星，**《玉髓真經》**（六八八頁）說：

「穴中見者。為朱雀。」

官星有尖頭、有圓頭、有齊頭，無論任何一種頭，一定是窄頭闊尾，尾與案山或前面青龍砂或白虎砂相連，以穴為主，窄頭向出，闊尾近穴方。若尖砂出現在穴之正正左右龍虎方，謂之「曜星」，名稱雖不同，但功能一樣，亦主官貴。

官星可出現於朝山之外，與朝山背後相連，若是真龍結穴而有官星出現於朝山之外，一定是大地無疑。案山外之官星主發近代子孫，朝山外之官星主發遠代子孫。

通常論房份及代數，筆者繼大師述其口訣如下：

「一層山斷一代。二層山斷二代。三層山斷三代。」

如果後代子孫房份多。官星出現在穴正前方，又可以斷為二、五、八房，不過現代人沒有生那麼多男丁，這個就要從穴向之廿四干支上去判斷。

如「子」山「午」向，官星在「午」方，則應「午」年生人之子孫，如官星在「丁」方，則應「丁」年生人之子孫，配合房份及代數而判斷之。

楊筠松著**《撼龍經》**（武陵出版社出版，四庫全書版，第 44 頁）云：

「問君如何謂之官。朝山背後逆拖山。此是朝山有餘氣。」

這朝山背後拖出之尖砂，是朝山之餘氣，穴地大始有這種官星。筆者繼大師認為穴前近方倒地之官星，穴上不見方為吉，是真官星。

官星範圍很廣泛，如穴前遠方朝山有很多尖火形而高聳的山峰，除屬文筆峰外，亦可出官貴，又是另類的官星。倒地之官星在穴上不能見，但尖火形的文筆峰在穴上可見。無論古代或現代人，讀書求功名富貴，穴前沒有文筆峰或畢架峰，則是：

讀書不成難做官。功名富貴互相連。筆峰出文人。官星出官貴。穴前眾丘如屯兵。必出帥將領三軍。

徐善繼、徐善述合著**《地理人子須知》〈砂法〉**（乾坤出版社出版，第288頁）**〈論官星〉**云：

「官星者。龍虎橫抱穴外。背後有山拖向前去者也。」

這「**龍虎橫抱穴外**」，是指穴正前方左右龍虎抱穴之砂脈，並非指穴之正正左右方龍虎砂，小心分別為妙。一個是官星，一個是曜星，其功能作用是一樣的。

其實在証穴之時，筆者繼大師認為最關鍵的一點，就是要看穴前之官星，官星雖然有倒地，在穴上不能見，但往往定的穴之位置，除了看左右夾耳二砂成一橫線之外，更要看前面官星最中間方位的一點，與後靠父母星丘成一直線，橫直線相交，就是穴法中之「**天心十度**」法之一，但穴之位置一定要坐在脈上，配合靠山、明堂、朝案、羅城，方能為真穴。

香港新界元朗有一大地名「金鐘覆火」，為鄧氏四世祖鄧符協先生所點，穴位正前面有火形餘脈之氣，雖然火形尖脈向出，但在穴上能見，穴後父母星丘是圓金形，因此為「火剋金」而不吉，故鄧符協地師把火形砂脈剪去，然後方能使用。所以穴又稱為「金鐘伏火」或「金鐘剪火」。

雖然巒頭帶煞，但是點穴之方法，就是以向出之火形尖脈（官星）定出穴位，它與穴後父母之金圓形星丘作為十字線之經線，經線為南北線，緯線為東西線。官星亦是火形尖脈，不過穴上不見而已，所以官星可用於証穴，是有他的原因。

筆者繼大師認為最重要的一定要以真龍結穴為主，砂法其次，先後次序不可顛倒；先有龍，後有穴，配合砂法、水法，點穴造葬，就能完美。理論歸理論，一定要明師現場傳心傳眼，經過一段長時間，始能領悟。

《本篇完》

穴前官星

若火形山作朝，亦出官貴。

戊戌秋月
繼大師
後照星
穴
八字水

（七）蝦鬚蟹眼八字水釋義

繼大師

大凡點穴，要懂得認定來龍脈氣，氣脈看法最難，是點穴的重點，但得到真龍脈氣，其口訣是觀察龍脈分出的八字水。何謂「八字水」呢？

以穴位置計算，筆者繼大師認為其左右方有脈出現，由穴之後方經過穴位至穴之前方，左右脈守護吉穴，脈在穴正前方止，兩脈相交於穴前，中間有缺口，為穴之出水口，由高空往下看，形成一個「八」字，這種形勢就是「八字水」。

由於兩脈相交成「八」字，當下雨時，水從兩脈內側位沿脈邊流出，至脈中間缺口之出水口處相交後，流離穴之左右龍虎守護砂脈而出，如金魚由魚鰓吸氣，由口吐出一樣，故又名「金魚水」。

劉若谷著《千金賦》云：

「金魚不合。枉教九曲來朝。」

就是指金魚水。無論任何水，筆者繼大師得知這些兩水相交於穴前之水，總名為「合襟水」，以古代衣服上衣的襟領形狀來意喻。

在風水學上，穴位左右有砂脈出現，引致有凹位水痕，一般以「八」字水來稱呼，有「八」字水出現在左右就一定有護脈。「八」字底部中間為穴位，「八」字頂部中間為出水口，「八」字左右之筆劃，就是穴之左右砂脈邊之凹位。

下雨時，雨水沿「八」字兩旁流出至「八」字頂部的出水口，然後流離穴場。若穴之龍虎二砂起角而護穴，尖角向外，此為之「開踭」，名曰「蟬翼砂」。

龍虎二砂橫濶者名「蟹眼水」，窄長者名「蝦鬚水」，亦有邊濶邊窄，但蟹眼水及蝦鬚水不可能同時出現，無論是蟹眼水、蝦鬚水、金魚水……，它能表達出真穴之真正所在位置。

筆者繼大師認為只要兩水中間有落脈出現，脈能化氣，有穴星山丘，前有明堂、案山、朝山，左右有夾耳峰出現，定是真結穴地，此乃點穴口訣之精華。

在沈鎬著《地學》〈卷二〉〈論水法〉（武陵出版，第294頁。）有云：

「星頭渾渾本無所見。暈下有薄薄二砂抱來。曰蟬翼砂。即有微微二水界來。曰蝦鬚水。此水既現。穴即止於其中。其中即天心也。

乳突之明者。其兩邊水起處。先成小窩。作靨如蟹眼。對出有此。則中乳分明。卻有一邊成靨如蟹眼。分明一邊水影。在有無中。真若蝦鬚之微茫者。謂之股明股暗。真穴反多出此。」

筆者繼大師解釋此段之如下：

「星頭」——即穴後落脈所生出的山丘，又名「穴星、父母星」。

「暈下」——即的穴位置的中心點。**「薄薄二砂」**即穴之左右龍虎二砂來抱穴。

「乳突」——即主脈落脈突出而下墮，像乳房一樣。

「蝦鬚」——左右脈窄長者名「**蝦鬚水**」。

「蟹眼」——左右脈短濶者名「**蟹眼水**」。

由於左右護脈與穴中間之落脈凹坑位置不深，以致難於看出，所以用「微茫」二字去形容它，凹坑稱為「股」（股音古），明顯者為「**股明**」，不明顯者為「**股暗**」。若是真穴，反而多有出此種左右凹坑之出現。

能有點穴真功夫者，定能清楚看見八字水，無論是「蝦鬚水」或「蟹眼水」，筆者繼大師認為總要順弓抱穴為主，砂水不能反背（反弓背穴）。左水反者，主大房忤逆不孝，右水反者，主二房忤逆不孝。

筆者繼大師曾在東莞勘察一穴，右邊有反弓水流屈曲背穴而去，其後代三房男丁，因為交通意外而引致他人死亡，他的二哥代其賠償了很多錢給受害人家屬，給整個家族帶來麻煩。

無論蝦鬚水、蟹眼水、合襟水、金魚水等，它都屬於八字水的範圍，最近穴位左右之八字水稱為「**小八字水**」，外層左右龍虎砂脈所構成的界水，稱為「**大八字水**」。

以筆者繼大師的經驗有些穴因為只得內龍虎待砂護脈，故只有「小八字水」，並沒有「大八字水」，以每一層砂脈計算，原則上只發一代，這樣證明穴地之級數較低，發福亦不持久。

又有一些穴，來脈粗大而壯，左右龍虎護脈巨大，整體形勢巨大，來龍厚潤，所以界水亦大而深，故只有「大八字水」，而沒有「小八字水」，由於龍虎砂脈距離穴位較遠。筆者繼大師認為此等穴地發福亦遲，但力度大矣。

更有一些穴，來脈厚潤壯大，左右層層龍虎護脈，來龍氣勢巨大，近穴位置，又有龍虎待砂護脈，外方左右界水大而深，內左右界水小而淺，故「大八字水」及「小八字水」均一同出現。

此種地勢所結之穴，並不多見，因左右層層護脈，故發福代數持久。

此等龍穴富貴無比，不易得見，後代定出非比尋常的人，或出英雄豪傑，或出富貴中人，聲明顯赫，家族興旺。穴法中的「看八字水法」，若要明白，非得明師真傳不可，這一切都講求緣份。

《本篇完》

（八）父母五星穴法

繼大師

結穴起頂之父母星辰，楊筠松祖師把它分為：**「金、木、水、火、土」**五星，至其嫡傳弟子廖瑀，再把它分為九星，即：

「貪狼木、巨門土、祿存土、文曲水、廉貞火、武曲金、破軍金、左輔金或土金、右弼金或土金。」

後世明師將它演變成九九八十一變。巒頭九星，配合理氣上的卦運九星，影響吉凶禍福，是為巒頭合理氣之妙用。

在父母穴星下方所結穴處，起出峰頂之五星，各有其結穴特徵，古法為：

「木星葬節。火星葬焰。水星葬泡。金星葬窩。土星葬角。」

筆者繼大師現解釋如下：

（一）**木星葬節** — 大凡木形山峰，頂略圓或峰頂部份半圓中帶有少許尖形，山峰特點是聳身，兩旁峰腳不闊，大型木形山峰，多作行龍之龍身，稱為「貪狼」，這種星峰少有結穴。

龍行至將結穴處，若生出小型木形山峰，稱為「紫氣」，山峰要豎立，形要矮小，不宜太高，木形峰腳下中間落脈，然後緩平前去，此為之變化之處，是「木形之節」，左右又有守護砂脈，稱為「侍砂」，此為山之「開面」。

緩平處有小平地為內明堂，穴結內堂後方略突出之來脈處，乘坐於地氣聚止之脈上，正是「木星葬節」，這指屬於木星豎立形狀之節而論。穴侍砂之左右方有山脈守護，作夾耳峰，為龍之耳。穴左右龍虎山脈要拱抱，不論形狀，總以有情為主。

穴前有橫欄之案山，案外有羅城環繞，又有高出之山峰作朝山，案山與羅城之間是大片平地，在穴上不見，此為之「外堂」，此等之地，多必逆局，為富貴之大地。木形星之好處是出人清秀，聰明智慧，壞處是出人倔強固執，這以個別穴形及砂脈而論，並非穴穴如此。

筆者繼大師曾經勘察一穴名「山雞窟」，正是木形紫氣穴星所結作之穴地，但遺憾的是，穴前案山半圓形，形似蛾眉，屬於太陰金形，本來是大吉的，主發女貴，加上是穴星是木形紫氣，但可惜的是，穴前遠處朝山是高聳的火形尖峰，案山與朝山，在穴上同見，正是火來尅金，主二房有頭痛之患，或二房子孫忤逆不孝及反叛等尅應。

除二房外，亦尅應於吉穴在羅盤廿四方位上的干支向度，如「卯」山「酉」向，則尅應「酉」年命後代生人，其次是「巳、丑」年命人，或「卯」年命人。這是穴之瑕疵。

所以凡是真龍結穴，並非十全十美，假若瑕疵少，且可以接受的話，就隨人心意下穴，但總要找出化解方法，能避開凶險最好，否則吉凶齊應，葬者的後人最好衡量一下吉凶的利弊始作出決定。

曾見有一年長的風水愛好者，當年沖犯大歲，冒着生命危險，也將亡父葬在一安金地，只得旺向吉度，其餘巒頭沒有犯煞，猶如賭博，葬下一週，立刻發生交通意外，導致肚上有一條約七吋長的疤痕，換來兒子找到三年享有高薪厚職之工作，正是災禍換取福份，人各有志，各有所取。

筆者繼大師亦曾勘察一處木形星紫氣之陽居結地，穴星豎立高聳，形像鶴鳥之頭，為鶴形結穴之地，剛好是一間佛門寺廟所在地，這木形星正是香港大帽山下之觀音山，為凌雲寺穴星，剋應上任主持唱讚誦經時，歌聲美麗動聽，如雀鳥叫聲一樣。

又有一種木形星穴地，屬於倒地式，為「木形眠式」，稱之為：「橫琴式」，地勢形如橫長之七弦古琴放在地上一樣，頭尾高低不一，中間拖出一圓金小丘，丘前有平托，左右有守護砂脈，及有微微界水，穴結圓金小丘之下，為：**「橫琴苞節穴」**。但金形穴星反剋木形橫龍龍身，亦是一缺陷。

（二）**火星葬焰** — 原則上尖峰火星只作行龍中的祖山，或作穴前火形文筆朝山，一般並不直接落脈結穴，必須要有平土星丘作為轉化，使火來生土。因火星帶煞，造葬要非常小心，否則災劫立見。

筆者繼大師曾勘察一火星作近祖山之王爺帽穴，穴上可見後方略靠青龍方之火形山，既像火焰，亦像王爺之尖帽，父母穴星為土金形，剛好火生土再生金，可惜在上元四運造葬王姓人士，穴位高了八至十尺，向度失元，但來龍到頭一節是上元運，結果出了一名大賊頭，手下有百多人，民初時期被警察伏法，皆因造葬錯誤所致。

筆者繼大師亦曾勘察一火形星丘之穴，丘高約十尺高，穴正靠火形小山丘，左右有守護山脈，前朝逆水高聳的火形尖峰，于 1967 年丁未年用了港幣五萬元造葬，半年後，二房患上喉癌，未幾身亡，大房見狀，立刻掘墳開金，將骨骸取走遷往他處，但為時已晚，死者已矣。故筆者繼大師對：

「火星葬焰」之説，有所保留。

古人有謂：**「鎗頭鼠尾不下穴」**之説，是因為「鎗頭」及「鼠尾」之地形，必定尖鋭，成火煞之地，故不下穴，但亦有例外。

筆者繼大師曾在廣東封開勘察一穴，有兩水相交，中間脈氣行龍，至兩水交會處之前，來脈突然有少許頓跌，出現一平托，穴結托後星丘，前面不見尖砂，亦不見水流，羅城緊密，生氣凝聚，是真正的大地，地形雖像尖鎗，但穴上不見，比例上四週左右局緩，這是另類的例子。

（三）**水星葬泡** —— 原則上，水星結穴之穴星為金星，因左右有其他圓金形山丘相連，故山形變成雙金成水，穴結中間金星丘之下，故名「葬泡」。若山峰高聳成一大幛，多在中間附近星峰位置落脈，使左右有守護山脈，有些穴在脈腳下結穴，亦有些在脈腳再生出一圓金形開面之山丘，穴結小丘之下。

有一種橫龍結穴，脈從高山而來，至平地處出現橫長波浪形的山脈，為金水相連，無論是從左或右來，至一金星丘之下結穴，正是「水星葬泡」。後靠遠處有樂山（樂音Ngau），左右有夾耳山峰，前有朝案之山，結穴有「風吹羅帶」，「玉帶環腰」等。

（四）**金星葬窩** —— 任何一種穴地，無論如何，穴星總是以圓金形星丘最為吉祥，高大的金星山峰，稱為「武曲金」，峰頂中間落脈，至山腰或山腳不等，左右出現微微界水，為八字水，至一處出現平托，穴結托後之來脈處，穴後靠金星主峰，左右有守護山脈，前有朝案，金星主峰落脈，下方有平托，正為「金星葬窩」是也，真結之地。

楊公有云：**「金星不開窩。一發便寡婆。」**

水形星橫龍結穴，風吹羅帶。

火形星朝山結穴圖

火星作朝，為文筆峰。

土星葬角，為土角流金。

木星葬節，為苞節穴。

金星不開窩，即是金星主峰落脈而下，沒有出現微微八字之界水，故名：「頑金」，不可下葬。又有一種穴地，高聳的平土形大山，山中間腹部突然出現一圓金形山丘，左右有微微八字之界水，丘下有小平地，穴結圓金形山丘之下，穴名「土腹藏金」，亦是「金星葬窩」，為發富之穴。

（五）**土星葬角** — 平土形頂之山丘，丘之兩邊圓角，脈從圓角而彎曲擺動落脈，無論從左或右方落下，脈屈曲回至土丘之下，以平土形之山丘為靠，左右有守護山脈，或有夾耳山峰，前有朝案、明堂、羅城，為真結穴地，稱為「土角流金」。香港元朗丫髻山下鄧氏第一世祖鄧漢黻（黻音忽）葬於玉女拜堂穴，正是「土星葬角」之穴法。

這「金、木、水、火、土」之五種穴星，均結出不同之穴，各有特色，穴地大小不一，有定局及例外的格局，大地之變化，無窮無盡，必須得明師在山上親授，練歷多年，努力學習，始有成果。

《本篇完》

（九）穴之三格 —— 天、人、地之穴法

繼大師

大凡結穴，一定要是真龍，真龍確定後，然後始可點穴。一般龍穴之法，以山崗龍而言，真龍從高山而下，到父母星辰，必是金、土金、水金等形，若是火形，必結煞穴。在父母主星落下之龍脈，一般只結一穴，一龍結兩穴之地不多，至於一龍脈結三穴是很少有的，這稱之為天、人、地穴，是結穴之三種格局，筆者繼大師亦曾見過一脈結四穴，非常罕有。

結天、人、地三穴之特徵是很少人明瞭的，據筆者繼大師的經驗，一條龍脈能夠結三個穴，必須有如下之條件，茲列如下：

（一）真龍之氣脈出於高山，屬於山峰頂中間落脈之龍。

（二）山崗之真龍脈必須是肥而闊大，屈曲有情。

（三）真龍龍脈綿長，中間落脈，龍虎二砂守護過穴。

（四）真龍龍脈之天、人、地必須各自出現唇托。

（五）真龍前方，必須有近案或遠朝，把天、人、地穴前之生氣關欄。

以上五種條件具足，則天、人、地三穴始成。這穴之三格，均着重於來龍之主脈上，次重龍、虎、明堂及朝案之砂。然而，決定天、人、地三格穴之位置，其高低位是非常重要的。其位置分別是：

（一）天穴——真龍氣脈上最高之結穴處。

（二）人穴——真龍氣脈之中間高度結穴。

（三）地穴——真龍落脈在將盡處結穴。

天穴之穴法，筆者繼大師解釋如下：

由於天穴結在真龍氣脈之高處。易犯水走，氣脈傾瀉，穴易露出，並受風吹之弊，【宋】江西上牢劉江東四世孫劉謙所著**《地理囊金集》〈論穴法〉**云：

「定穴之法。當於後龍。步他正脈。看其形勢歸於何處。然後點檢其氣脈如何。……又看大小高低。以定天地人三穴。仔細詳認。證佐分明。瞻前顧後。觀左眄右。（眄音緬，斜視看望。）**所見之山。盡來拱抱。內外之水。無不回環。其氣象堂局自然。精神與眾不同。」**

此段說明，若是結穴，前後左右之山脈，一定環顧穴場，真氣止於「的穴」之處，四正應星，必居穴之「十字」中。若是穴結於「天穴」高處，一定有朝案關欄，龍虎高抱護穴，「爐底」在前，則不怕脈走水去，更不怕露風及傾瀉。此乃點高穴之秘訣。

《地理囊金集》〈論穴法〉亦云：

「今人不識玄妙。好點天穴。天穴高露。面前傾瀉。氣脈未定。豈不禍敗。間有興盛。亦不久長。」

筆者繼大師就曾見一墳葬在高處，雖起金星圓頂作父母星辰，但其氣脈未止，真氣扯洩，只發一紀（十年）便敗。雖興盛而不長久，就如這《論穴法》中的說法一樣。若未懂點穴之法，切不何任意點穴。

《論穴法》又云：**「若勢來雄急。垂下結穴。須從緩處求之。若勢來和緩。平平結穴。須從急處求之。」**

此正是點穴之法，其主脈真龍若急斜而落，脈落後作垂下之狀，脈由急轉緩，則點穴須從平緩處取之。若龍脈平緩而落，落脈後由緩變化成急，則取急處作穴。

這就是龍脈之變化，有變化始有精神，其脈行走之動態均要清楚，點穴者必須對龍脈有立體化之確認，龍脈之變化始一目了然，若無明師登山親授及傳心傳眼，根本不可能明白。

點天穴之口訣，正如**《論穴法》**云：

「夫天穴非不可下。審其中。下氣脉皆不結聚。朝山太高。左右登對。藏風聚氣。皆不可易。所以點天穴。」

這即是來龍氣脈從高山而下，前朝之山太高，左右龍虎對稱而護穴。若穴取低處，必被前山所欺壓，反不成穴，所以穴宜點於高處，這亦要視乎行龍之變化而定，再配合龍虎四應之星而作穴。

天穴雖結於高處，但不同山頂之結穴，山頂結穴屬於騎龍穴，地氣由地底上升。而天穴是龍氣由後面主峰級級低落而來，穴雖結於高處，但四山均環繞，真氣凝聚其中。

人穴之穴法，筆者繼大師解釋如下：

人穴之結作，一般位置是不高不低，氣脈多落至中間高度始結成穴，所以龍之落脈，多不急斜，氣脈不露，前山不欺，高低適中，龍虎相對，守護吉穴，氈唇具足，真氣所聚。

在**《論穴法》**有云：**「其人穴者。上下皆不結。中有結聚。亦須左右、前後、四勢登對。方為的當。」**

人穴之結作，除前山不太高而致欺穴外，左右龍虎，切忌有凹峰，凹峰有坳風吹穴之左右方，骨殖葬下後，定會呈現黑色，後代必多病痛。此乃點穴秘訣，所以人穴之點取，一定要「四勢登對」為主，而龍脈亦要氣止，方可作穴。

若來龍急來，必受龍脈急速之煞氣所沖，若來龍平緩，氣脈必低聚，易被前山所欺壓。所以龍脈必須取適當之高度，穴方「的當」。

地穴之穴法，筆者繼大師現解釋如下：

地穴之結作，一般位置較低，天、人、地三穴中，以地穴所結的位置為最低，是真龍氣脈盡止之處，氣脈最旺盛，是天、人、地三格龍穴中最具地氣之穴。

地穴由於是結在近真龍落脈之盡處，故前朝必有界水止來龍，而明堂必為穴所受用；外龍虎砂及明堂中之龍虎砂必定關欄抱穴，堂局最聚，真氣交融，唇托深厚，氣脈全聚於地穴中。

在**《論穴法》**中亦有云：**「其地穴者。氣脈低垂。聚於低處。左右包藏。案山低小。若以人穴扦之。則子孫無不敗絕。」**

筆者繼大師曾勘察一穴，名：「仙人屈腳」，就是地穴，名正言順的「會陰穴」，祖父祖母遷葬後不到一年，後代工作職位一年內升三級，力量之大，皆因盡結之地，立得旺向，然後暴發。

若來龍氣脈未止，切勿把「地穴」作高處點取，因為，若取高處下葬作穴，其來脈之氣必定未止，強作錯誤判斷之選取，葬下必為龍脈之煞氣所傷，人丁必損，故云：**「若以人穴扦之。則子孫無不敗絕。」**

這就是點穴功夫，記得筆者繼大師初學風水時，恩師 呂克明先生所曾教過之穴地，每學一地，筆者必拍照作記錄，回家後將相片輯錄成相簿，每每在空餘時間便拿來觀看，時常思考為何會如此結穴。「荷葉跛龜」一穴，筆者就曾經化了三年時間思考此穴，終於明白它的結作。

當筆者學至約五年時間後，對穴法已有一定程度，對於「的穴」之處，仍難於取捨。真正有本事之地師，他定能「一點即中」，位置絲毫不移。若非明師親授，加上鑽研十年八載，定不會明白點穴之法。

至於天、人、地三穴之穴法，只是龍脈在變化下所產生之結果，並不是每條真龍氣脈必結天、人、地三穴，這種龍穴之結作不多。但是，陽宅所結之穴，亦有天、人、地三穴之格。香港扯旗山下就有這種格局。

天、人、地三格穴法是有其特點的，就是：

天穴 — 比喻人之心胸

人穴 — 比喻人之臍部

地穴 — 比喻人之陰部

在**《論穴法》**一文中有云：**「試以人身喻之。天穴在人之心。人穴在人之臍。地穴在人之陰。」**

天、人、地三穴，其來龍必定是撞脈而來，是直龍出脈。至於橫龍能結天、人、地三穴，實在非常少有，橫來之山脈，若有結穴，必要有樂靠之山。天下之大，無奇不有，而橫龍結天、人、地三穴，則比喻人身在躺下時之姿態，穴取於心、臍、陰，只是坐姿與卧姿之分別罷了。

若要明白天、人、地之穴法，其學習之過程是：

首要能確認真龍氣脈 — 龍要真

次要懂得結穴之法 — 穴要的

三要將龍穴二法混合察看 —— 龍法、穴法要懂

然後能辨認結天、人、地三穴之真龍，再正確地點取吉穴之位置，點出之穴，位置要絕對正確，絲毫不能移；如此，點穴之法，大功告成。

這樣之人，能真正稱得上「地師」，亦能接受人家供養，且當之無愧。給人賜福，定不困難。

寫一偈曰：

三才穴法
天人地格
若能點取
富貴必達

《本篇完》

天、人、地 三格穴法

另一類的三格穴法

（十）穴葬之「五要六凶」

繼大師

風水古籍中的《葬書》及《青烏經》內，有述及葬法中的五種要訣及六種凶事，五要如下：

（一）**葬其所會**——指所葬之穴位，面前下方是平地或湖，生氣全聚于明堂，四周被群山圍繞，稱為「大會明堂」，是衆龍所聚會之處。

（二）**乘其所來**——葬處在地脈上，而且是脈止之處，後方有來脈，乘接地脈脈氣。

（三）**審其所廢**——審察穴及其四週不好的地方，是否可以用人工修輯。

（四）**擇其所相**——選擇自己所點取的穴，是否真結，以証穴法証之。

（五）**避其所害**——若穴位有形煞，應當避開，或用人工修剪，避去形煞。

六凶為：

（一）**陰陽交錯為一凶**——亦可稱為陰陽錯亂，其範圍很廣，山為陰，水為陽，錯收山水之氣，或墳穴在立向上犯空亡線位。

（二）**歲時之乖為二凶**——選擇凶時落葬或安碑，或取四絕四離日，或七日內有月食、日食、月環食、日環食出現。

（三）**穴小圖大為三凶**——穴所結的位置小，而墳墓做得大，或多葬一墳而稍離開的穴位置。

（四）**憑福恃勢為四凶**——點得上等大地，自以為福力夠厚，誰知造後穴被破壞，或前方加建建築物，遮蓋明堂，而致招凶，皆因福份不夠。

（五）**替上逼下為五凶**——「替上」即穴上的後靠穴星不夠高，甚至空蕩，穴下逼近，沒有餘地，地氣未止，非真結。

（六）**變應怪見為六凶**——穴位置有不尋常東西出現，如有大樹在穴位上，或有大蟻巢出現，或地下有水流流出，或有大石在頂，壓著穴位。

以上這些說法，都是環繞點穴的概括，一切都以穴為中心，這考驗地師的眼力，穴地無奇不有，原理雖簡單，但變化複雜，非得隨明師在山上親授不可。

《本篇完》

（十二）穴之三吉、三不葬、四不下及四要、六戒

繼大師

【晉】郭璞著《葬書》內篇有述說穴之三吉，茲解說如下：

（一）**天光下臨。地德上載。藏神合朔。神迎鬼避。一吉也。**——天光者，指穴位之向度生旺，地德者，地氣所聚之處，兩樣得到，就有靈氣，善鬼、神明會護佑，惡鬼避開，子孫福份會增加。

（二）**陰陽沖和。五土四備。二吉也。**——穴得陰陽交匯之氣，合乎五行，有五種地勢，即

乘金：穴有圓金形靠山。

相水：左右有雙水交合，流于穴前。

印木：左右有脈守護。

穴土：穴位居中，是地氣集中處。

四樣具備，而五土自齊，穴下自然温暖，曰：**地火**。

（三）**目力之巧。工力之具。趨全避缺。增高益下。三吉也。**——點地功夫，全靠心傳口授，眼力好，功夫高，膽大心細，高低得宜。

【後唐】、楊筠松風水祖師有三不葬：

（一）**有龍無穴不葬**——來龍真，到頭一節生出父母星丘，有捻頸，但星丘不開面，左右沒有內脈，故不結穴。

（二）**有穴無人不葬**——縱使有穴，但沒有福德之人，故不可葬。

（三）**有人無時**——點得吉穴，有福主求造地，但沒有吉時，元運不合，則不葬，待過一段時間便可造葬。

【宋】陳希夷先生有四要：

（一）**龍要真**——是真龍。

（二）**穴要正**——穴位要的，尺寸不移。

（三）**葬要善**——要懂得造葬，合乎吉祥葬法。

（四）**時要宜**——有吉時造葬，配合穴的坐山。

【後唐】廖金精有六戒：

（一）**莫下去水地。立見敗家計。**——穴前一片平地，水去不回頭，丁財兩敗之地。

（二）**休尋劍脊龍。殺師在其中。**——來龍在過峽處，來脈收窄之地方，出現石塊向天，如劍一樣，若有結穴，會傷造葬地師。

（三）**最忌凹風穴。決定人丁絕。**——穴位之左或右方有風由凹峰中間吹向穴，左吹傷大房，右吹傷三房。

（四）**久嫌無案山。衣食必艱難。**——穴前無案山，生氣不聚，則財運差，自然生活艱難。

（五）**生怕明堂跌。決是破家業。**——穴前傾跌凹陷，生氣流失，自然窮困。

（六）**偏憎龍虎飛。人口主分離。**——穴位之左右方，其山脈反手走離穴場，主離鄉而去。

以上之**《穴之三吉、三不葬、四不下及四要、六戒》**只是概說，風水上之巒頭形勢千變萬化，我們隨明師學習後，明白其重點要訣，膽大心細，到功夫熟練後，自然迎刃而解，

《本篇完》

（十二）穴有廿二好

繼大師

在古籍《點穴秘法》中，內有《吉穴廿二好》，筆者繼大師節錄及解釋如下：

（一）**龍好飛鸞舞鳳** —— 「飛鸞舞鳳」比喻來龍在行進間未到結穴處時，其龍身有擺動，龍身左右伸出肢爪，肢爪有「送」有「迎」（即肢爪向前或向後），龍脈由高至低，高低起伏，落脈出現不同的星丘，星峰頓跌，然後再生起另外的山峰，剝換變化，脈由粗頑變成秀麗，由石質重變成土質多，筆者繼大師認為這樣的來龍出人就會清貴，而且人材輩出。

（二）**穴好星辰尊重** —— 大凡結穴，必須要有父母星辰，為穴之正後靠山峰，星辰山峰必須端正頂圓，方為正體星丘，此為之「尊重」。筆者繼大師認為父母星辰不可歪斜、側身、反背、突肚、破碎、嚴巉、多石塊等，此為之「無情」，會令後人凶惡、意外凶險、無情等。

（三）**砂好屯軍擁從** —— 穴位的來龍左右均出現很多砂脈同行而守護，此為之「奴砂」，表示隨從擁護的人很多，龍貴始有此現象。穴面前有大平地，為穴之大明堂，遠方有群山圍繞，此為之「羅城」

環抱，以筆者繼大師的經驗，在平地明堂上，出現有很多的山丘，個個大小相若，像屯兵用的營幕一樣，此為之「屯軍」，主龍穴出將領之材，統領三軍，貴而無敵。

（四）**水好生蛇出洞** —— 有水流橫過穴前明堂，其形態屈曲擺動，如生蛇出洞，非常有情，此乃水形星，主出人聰明智慧，為人材棟樑。

（五）**龍好不換正星** —— 真龍在行進間，出現不同的山峰，左右伸出肢脈，如人之手腳，其中在離結穴不遠處，會出現一個較大的山峰，峰要高聳頂圓而端正，此為行龍中的主峰，為穴之「正星」，此星峰出現後不久便結穴，穴後正靠此峰，這是最佳的形勢。

筆者繼大師認為若中途更換其他星峰，未必有此星峰之美，穴清貴之程度雖然不減，但出清貴能人的年代至少會推遲一代，視於其他星辰與此「正星」出現的距離多少而定。

（六）**穴好凶星藏屏** —— 若是真龍結穴，在穴前方可見的範圍內，出現破裂、破碎、巉巖的山峰，或是歪斜、側面、古怪等無情的山峰，則宜避之。筆者繼大師認為穴與凶山之間最好出現有一橫列之山嶺，把凶山遮蓋，則穴不直接受影響，或將凶事推遲一代，此橫嶺為之屏幛，如藏身在屏障之後，故稱「藏屏」。

（七）**砂好有朝有映**——在穴前可見範圍內，平均是 180 度視野，出現的砂脈秀麗朝穴、拱穴、抱穴、揖拜、俯伏、跪拜等，均是有情之砂脈，「有映」即是有捍衛及守護穴場之勢，這表示有很多貴人相助穴場葬者的後人，使到做任何事情都一帆風順，得貴人扶持。

（八）**水好如蛇過徑**——在穴前見有水流，無論左倒右，還是右倒左，水流如活蛇一樣，屈曲有情而橫過穴場，此為之「有情」，主穴之後人孝順，事事順景。

（九）**龍好迎送重重**——若是真龍結穴，其行龍龍身由高而低，行進間生出很多山峰，山峰左右邊伸出長長的餘脈，左右餘脈脈盡之處向來龍方向彎抱者為之「迎」，向去脈彎抱者為之「送」，「迎送」愈多，龍則愈貴。據筆者繼大師的經驗，其所結之穴，級數必大。龍脈之左右方，又出現很多同行守護的山脈一同前進，穴場葬者的後人，必有很多貴人相助，事事順暢，發富發貴。

（十）**穴好遮藏八風** —— 一般的真龍結穴，大部份的明堂外都有羅城環繞，風不能吹穴。「八風」指「東、南、西、北、東西、西北、東南、西南」八個方向所吹來的風。據筆者繼大師所知山峰與山峰之凹位，風水學上稱為「坳峰」，風從坳峰之凹位吹來，此風稱為「坳風」。

尖窄的「坳峰」能使風力加大，這種「坳風」，古代的地理學家稱為「箭風」。現今兩棟大廈近距離相隔，之間的空隙，風力特猛，現代人稱為「天斬煞」，其實是「箭風」。

穴位之左右若出現坳峰，穴見之，必受風所吹，引致葬下的骨骸呈現黑色，吹左方則長房衰敗，吹右方則三房衰敗，穴藏風則氣聚，氣聚則後代得財而衣食豐足。

（十一）**砂好屯起千峰** —— 穴上四週可見的範圍內，尤其是前面，見有無盡的山峰來朝穴，則穴一定是逆水局，收得逆水必大富，而朝山秀麗，尖峰頓起，必出優秀的人才。

據筆者繼大師所瞭解，山圓人肥，山厚人富，山尖人秀，山高人高，山小人矮，山多人丁旺。故有：

「山管人丁水管財」之說。

（十二）**砂好形好臥弓**——穴前有案山順弓環抱，《千金賦》云：「**外拱千層。不如眠弓一案。**」案山之高度口訣為：「**高要齊眉。低要齊心。**」若再有羅城朝山順弓環抱則更佳，主穴之後人忠孝，諸事暢順，若有水流環抱亦同此論。

（十三）**龍好卓筆頓槍**——來龍高聳，山峰形正，左右同行護纏山脈眾多，此為之「龍好」。穴前有高聳尖峰在遠處中間來朝穴，四週有眾多矮山圍繞，此為「透天文筆」，主出文士官員，甚至大文豪，明堂左右有尖峰如槍矗立，此為之「頓槍」，主出武官。

（十四）**穴好四正明堂**——結穴穴位面前的小平地為之「內明堂」，左右手有砂脈守護，此為之「內龍虎砂」，砂外出現大平地為之「中明堂」，盡處有橫欄案山，遠處有群山作羅城，案山與羅城之間出現的大平地為之「外明堂」。

筆者繼大師讀楊公之《撼龍經》說明「內、中、外堂」稱為「三陽堂局」，龍穴有此堂局，則發福悠久。「四正」者明堂四方工整，並在穴前正中央，則穴納堂前生氣，主後人豐衣足食。

（十五）**砂好朝陽秀江**——穴前開陽，朝案之砂脈秀麗，穴與案山之間若有江、湖或魚塘，水質清秀而深則佳，水深人富，水清人秀，水淺人窮，水濁人蠢，水走人窮，水來朝則人富，尅應皆有所不同。

（十六）**龍好如僧坐禪**——比喻來龍穩重，山脈厚大，行龍之山形端正莊重，行龍若有結穴，主遠代出人忠誠厚道，後方來龍主一節一代，來龍長遠，來脈節數多，主發福代數久遠。

（十七）**砂好如人秉筆**——穴位四週山脈秀麗，尖峰頓起，有很多文筆峰出現穴前，主後代子孫文人眾多，讀書成績優異等。

（十八）**水好如弓上弦**——穴前有水流順弓環抱，如上了弦的弓一樣，表示水流順弓的屈曲程度很大，大大環抱有力，主後人孝順，工作事事順利。

（十九）**龍好有蓋有坐**——來龍星峰高聳，一級一級而下，穴星後方有一端正的高峰如蓋一樣地守護穴星，穴位坐山後方有正靠的高聳山峰，靠山高則出人長壽。

（二十）**穴好有包有裹** ── 穴之左右方有砂脈層層環抱守護，砂脈有包裹，左邊主一、四、七房，右邊主三、六、九房，主人丁興旺，後代子孫多貴人扶持相助。

（廿一）**砂好有堆有垛** ── 「堆垛」（垛音朵）即堆積起來的牆或人工堆土成土丘或砂丘之意。穴之左右，若欠缺砂手，可以堆土成砂脈，順弓環抱，作守護穴場之用。

如江西三僚村廖氏族人廖均卿國師在北京離世，明成祖命太監黃榜護送棺木回鄉下葬，黃榜因水土不服病逝，廖氏族人立刻在廖氏楊公廟之青龍方堆土成砂脈作下關砂，將黃榜葬於堆土砂脈之端，守護廖姓村落，有了太監黃榜之棺木，鄰村曾氏族人不敢將砂脈掘去，當時廖姓村人興旺，曾氏族人衰敗。

穴星以圓金形土丘為吉，若穴位有瑕疵，可用人工修造，使合風水原則。例如墳頂欠高，可堆土成圓金形土丘，加高穴星，使增加靠山高度，增加後代子孫的壽元。以筆者繼大師經驗口訣，穴前若有凶砂出現，可以堆土種樹，把凶砂遮蓋着，使穴場上不見，可作消砂之用。

（廿二）**水好有關有鎖**——穴前無論左水倒右水，或是右水倒左水，去水之一方，必須要有山丘或星峰出現，以阻止水氣流走，水流最好迂迴曲折地流出穴場出水口之外，水流有關有鎖，則生氣凝聚於明堂之內，為穴所受用，主後代子孫得財。

昔日 呂師教受他所點穴立向之地，地點在古洞馬草壟，穴名〈飛馬搖鈴〉，右倒左水，左方有一元寶山丘作下關水口砂，關鎖穴前堂局生氣，正是：

「水好有關有鎖」。

以上廿二點的方法，筆者繼大師認為無非以穴場為中心，其中有多處地方相同，有「砂法」、「龍法」及「穴法」在其中，這些都是眾多點滴的好風水原則，尋龍點穴，必須跟隨明師上山學習，這是整體上的功夫，各種方法混合一同使用，加上時間磨練，明師指導，始可周全。

《本篇完》

（十三）穴有廿六怕

繼大師

在**《陰宅透解》**一書內有穴法秘訣，其中有**〈穴有廿六怕〉**，筆者繼大師將它列出，並作出解釋如下：

（一）**龍怕凶頑** ── 來龍龍身粗頑，石頭多，必定受於風吹雨打，或是近水口地區，經常有風吹過，引致泥土剝落，大石外露，則來龍帶煞，未能剝換脫變成秀麗，筆者繼大師認為若有結穴，必出凶惡之人，或出黑道中人，以致為害社會。

（二）**穴怕枯寒**（孤寒）── 結穴在一孤崗之下，位置頗高，後方是一片大平地，沒有遠近山群，左右夾耳砂只得一層，縱然穴有夾耳龍虎砂、明堂、朝案等物，這只可發一至兩代，而後方受風煞所吹，穴高結而沒有後照星峰，主後代壽元不高。筆者繼大師曾經勘察在玉女拜堂之青龍砂有一穴，名「馬上貴人穴」，正是犯上穴星孤寒之煞。

（三）**砂怕反背。水怕反跳** ── 穴正前、左及右方切忌有砂脈反弓背穴，背者無情。由於下雨之時，水依砂脈與平地之間而流走，砂脈反弓則水氣亦反弓。穴前忌有水流反弓背穴，無論是水反或砂反，主穴之後人不孝忤逆，諸事不順等。

（四）**穴怕風吹。山怕乾枯破碎** —— 穴受風吹，必然其位置當風，或穴點在高位置上，易受風吹，葬骨受風吹則骨會黑，據筆者繼大師所了解，風吹到亡者身體那裏，後人的身體病到那裏。

在穴場可見的範圍內，所見的山峰羅城，不宜寸草不生，不可巖巉破碎及石塊眾多，因此而凶頑，出人兇惡。

（五）**水怕牽牛直射。水怕反局傾瀉** —— 穴前左右龍虎二砂相交於穴正前方，中間水口直直長長而離穴遠去，此為之「牽牛直射」，主後代子孫人財兩敗。

穴前切忌水勢反局，無論穴前有圓形反背水池或反弓水流，或水流傾瀉，離穴而去，水走則後代子孫財散，及諸事不順等。

（六）**砂怕送水走竄** — 穴前砂脈直走或斜走，遠離穴位而去，山脈走，則水氣齊走，亦是敗財人散之格局。

（七）**對山怕挺胸。龍虎怕壓穴** — 穴前之「對山」，即是相對之山，朝山、羅城或案山，又名「岸山」，若諸山高聳，欺壓穴場，或前山有山形如拳頭之形狀，或拳頭山從左或右方伸至前方頂向穴方，是為「捶胸」，主後代子孫心情悲哀，悲愁看不開、悲觀，或子孫不孝順等。

（八）**堂局怕反斜** — 穴前平地堂局不在中間，或斜左方，或斜右方而去，堂局不就穴位，這多是虛花假穴。堂局在左方，主大房吉，在右方，主三房吉。因堂局凝聚生氣之故，必須遠處有群山圍繞始為真。

（九）**前怕枯穽**（穽同阱，陷阱。）**後怕仰屋** — 穴前忌有窩凹之小窪地，或有枯乾的井出現，因為下雨時會藏水，天晴時枯乾，山水之氣不清，故凶險不定。

「仰屋者」，墳穴頂建在橫長的山丘頂邊上，墳穴仰天而立，稱為**「仰瓦穴」**，如瓦片仰天，穴必受風吹，以致穴之後人短壽、頭痛、頭病，或出白癡兒等。

穴位後方一定要有微高之拱地，如丘頂、突丘等。有一些穴，後靠穴星不高，以筆者繼大師的心要口訣經驗，地師可以堆土加高墳頂後方，使風不吹頭，則可避開風煞。

（十）**窩穴怕頑悶** —— 一般的窩穴，大部份都是圓金形星丘頂中間落脈，至一窩地上，左右有凹坑，凹坑之間造就出龍虎砂脈，窩前平地就是穴的內明堂，若然不開窩，就是「頑金」，主後代一發便出寡婆，結穴有「土腹藏金」。

（十一）**山峰怕八煞。**（黃泉八煞）**水怕兼八煞。水局怕黃泉** —— 墳穴立向，不宜在羅盤廿四山各山間之界線上，據筆者繼大師的經驗尤其是四正四隅正線上，即是「子（北）、午（南）、卯（東）、酉（西）、乾（西北）、坤（西南）、艮（東北）、巽（東南）。」為「騎縫線」是也，名「黃泉八煞」線度，若然犯上，主後代子孫有凶險，人丁易絕。

除了立向之外，山峰及水流在墳穴上之位置及流向，亦同一道理，無論是山或是水，切不可犯「黃泉」，主敗絕。

（十二）**山怕坐洩鬼** — 大凡真結之橫龍結穴，無論由左方或右方而來，其父母星丘後方必須要有拖出之一脈，以撐穴星，此為之「鬼尾」，此星丘後方之脈，不宜拖出太長，否則會洩龍穴之脈氣，主後代散財。據筆者繼大師所認知的橫龍真結之穴，其正後方遠處必須要有山峰出現，名為「樂（Ngau）山」作為穴之後靠，否則多是虛花假穴。

（十三）**龍虎怕斷腰。明堂怕野曠** — 穴之左右護脈，是守護龍穴最重要之處，若然被人為或者是天然凹陷而被破壞，則左方青龍砂應大房有凶險，右方白虎砂應三房有凶險。

穴前方平地曰「明堂」，四週群山環繞，包括穴位本身的靠山，則生氣能凝聚在明堂內，並為吉穴所受用，主二房財富。以筆者繼大師經驗若然明堂四週空曠，沒有山脈圍繞，則為空蕩氣散，必是送水之地，主後人貧窮及移民他方而去，為離鄉砂。

（十四）**穴前怕墮胎**（墮胎指低陷）—— 穴前方是低地，而且一級級而往前方而去，亦是送水之地，主敗財。若穴位前方平地中央有明顯突出的山丘，主後人墮胎及眼盲之疾。

（十五）**來脈怕乘煞** —— 有一些穴地，並非真結，只要接得來龍氣脈，四週砂手守護，前有堂局氣聚，立得佳向，便可發得一時。但切忌有尖削、硬直、狹長的來龍氣脈，不可在脊背上下穴，這樣的脈氣是帶煞的，若一不小心把先人葬於此等之地，後代子孫必然傷丁，甚至損丁，筆者繼大師曾在香港洲頭及梅縣大埔壩見過此等墳地，其結果是後代再沒有香火。

（十六）**高怕傷土牛**（外形如臥牛，如眠牛地。）**低怕脱氣脈** —— 點穴於落脈有變化地方，若點得太高則左右被風所吹，而傷穴中之骨殖，骨骸受風所吹，變成黑色，主後代有疾病。若點穴太低，不能接到脈氣，此為之「脱脈」。

（十七）**脈怕露胎**（漏胎）—— 左右脈不能包裹穴位，左右方之脈短，主脈長，為之「漏胎」，脈露必然受風所吹，定是假穴無疑。

（十八）**風怕刦頂**——墳穴後靠不高，或是沒有後方靠山，穴頂露出，為之「風吹頭」，主後代子孫短壽，或是有頭痛病患。

（十九）**水怕淋頭**——穴後有凹痕、水痕、凹坑、或溪水水流直沖墳頭，謂之「淋頭水」，主後代子孫犯亂倫、邪淫等。

（廿）**又怕割腳**——墳穴前方沒有平托作內明堂，或是內堂淺窄，貼近水邊，餘氣不能畜儲，此謂之「割腳」，主後代子孫沒有儲蓄錢財，或是用錢過度，沒有節制。

（廿一）**穴怕乘風**——「乘風」即墳穴坐於水口空蕩處、山頂或山坳之凹位中，風經常吹墳穴，左右方沒有山脈守護，主人財兩敗。

（廿二）**棺怕挨死**——墳穴所點之地位於落脈的範圍內，若點在落脈的邊位上，是凹坑與脈之間，便是界水邊位，此為之「挨死」，因為受水氣所侵，侵左邊則傷大房，侵右邊則傷三房。若點在來氣落脈的中間位置上，就是「挨生」故有「挨生棄死」之說。

（廿三）**龍怕起浪** — 來龍脈氣在星峰頂落脈下行的時候，其脈有多條橫行的摺痕出現，像波浪一樣，這些橫脈摺痕會截去龍脈脈氣，或來龍脈氣直落下時，脈脊尖削及起波浪線形，主傷人丁。

另一種解釋就是，以坐在穴本身來計算，龍方表示穴位之左方，龍方起浪，必然山峰脈脊高聳，以筆者繼大師的經驗，若青龍方護脈高於穴之後方靠山主星，則出人必定是「奴欺主」格局，主長房奪權。

（廿四）**虎怕竄堂** — 以坐在穴本身來計算，虎方表示近穴位之右方，若有砂脈直出，經過穴前明堂離穴而去，主三房必定離鄉別井，帶走錢財而移民海外，不顧祖家。

（廿五）**羅經上面怕雙金** — 羅經即羅盤，又名羅庚，以坐北向南而說，為「子」山「午」向，「午」位在三元羅盤上有兩個卦，分別是：乾卦䷀及天風姤卦䷫，這兩個卦分別在於後天離宮☲位，即是先天的乾宮☰，若在「午」兼「丁」位則過宮，為先天巽宮☴是也。

以筆者繼大師所認知的文王卦中**《渾天甲子定局裝卦訣》**，乾宮☰屬金，乾宮☰有八個卦，分別是：

「乾䷀為天、天風姤䷫、天山遯䷠、天地否䷋、風地觀䷓、山地剝䷖、火地晉䷢、火天大有䷍。」等八個卦。

由於「乾卦䷀」及「姤卦䷫」同屬金，一般以子山午向為例，故立向名叫「分金」，意思是分出那一個卦為向。「雙金」即是在兩個卦的中間界線，為「黃泉八煞」空亡線度，犯者後代人丁皆絕，故立向以「雙金」為忌。

（廿六）**立穴乘風怕火坑** —— 點穴的位置不能受風吹，這是在形勢上來說，若在立向理氣來說，「火坑」線度，即是羅盤上的「黃泉八煞」，兩者宜避之。

以尋龍點穴來說，筆者繼大師認為不能單方面來論，是綜合同論，証穴有証穴的方法，雖然有一些是真龍結穴，但穴上有瑕疵，小則可以用人工方法修補，若大至無法修改，則穴可棄之。

有一些雖然不是真龍結穴，但若修造恰當，避開凶煞，皆可發得一時。故風水祖師楊筠松先生，以點取及修造不是真龍結穴的風水來扶貧，所以他被人們稱為「楊救貧」，此等功夫比點取真龍結穴還高，故他成為一代風水祖師。

《本篇完》

（十四）地有廿八要

繼大師

古代中國風水口訣中有相地廿八要，筆者繼大師現將廿八要分出八點解釋如下：

（一）**龍要生旺。又要起伏。脈要細。穴要藏。來龍要直。**——龍要生旺者，即來龍向度要當運，高低起伏，頓跌化氣而下，來脈有變化擺動，脈細者即幼嫩，粗細分明。

穴要藏風聚氣，氣聚則要四山團繞。所謂「來龍要直」者，指來龍最後一節而言，短而直則有力，潤度要適中，形要端正，但不可太長及太硬直，否則脈氣帶煞而容易招凶。

（二）**局要緊。堂要明。又要平。**——穴前無論在內龍虎二脈（穴左右之內砂脈）所包圍之平地範圍內（內明堂），或是龍虎二脈（穴左右之砂脈）外的平地明堂範圍內（外明堂），穴前之明堂被左右之砂脈及穴前方遠處的群山（羅城）所環繞，加上穴方本身的來龍山脈，合共四山環繞。

這「前、後、左、右」的山勢環繞着穴前之明堂，是三國時代風水明師管輅（管公明）著《管氏指蒙》內之「**四勢衞其明堂**」，此為之「**前局緊聚**」，明堂範圍內要平坦及開陽，生氣聚於堂前，為穴所受用，穴得生氣，則後代子孫旺財。

（三）**砂要明。水要凝。山要環。水要繞。**——以環繞結穴處而言，在穴上可見的範圍內，所有環繞的砂脈要清楚可見，謂之「砂要明」，砂脈順弓拱抱吉穴則有情，亦為「山要環」。

無論在穴上可見或不可見，穴前有水流順弓環繞，亦是有情，謂之「水要繞」，水亦要凝聚，使生氣聚於穴前明堂內為穴所用，主二房孝順、富饒。

（四）**龍要眠。虎要纏。龍要高。虎要低。**——穴位之左右方有護砂（護脈）順弓包拱，為之「龍虎護纏」，一般要左右高度平均，不可高於穴後主峰，否則為「奴欺主」格局。

一般來說，若龍（左方）要高於虎（右方），若虎（右方）高於龍（左方），一般人認為不吉，因為後代的女性會強於男性，但無論左右任何一方高出，若是去水方高於來水方，則為下關有力。

如右水倒左水，則左方護砂要高，主發大房。若左水倒右水，則右方護砂要高，主發三房。總要在穴前之去水方有高山關鎖，使生氣入懷，則主後代子孫發富。

（五）**靠要近。水要靜。前要官。後要鬼。又要枕樂。兩邊夾照。**——穴位的後方，必須要有靠山，山峰要端正，峰頂要圓大，靠山要近。穴前方明堂若有水流或水池出現，水要靜，不可有聲，否則犯聲煞，或會造成淫賤或凶惡之煞水。

穴前出現有橫欄的案山，案山背後拖出有尖形山脈，尖角形向穴前之朝山，在穴上不見，此為之「官星」，主二房權貴。**「後要鬼」**指橫龍結穴，穴星山丘後方拖出之脈氣，撐着父母星辰，為「鬼尾」，使父母星辰更有力。

「枕樂」（繼大師註：「樂」音Ngau。）為穴後之正靠穴星山丘，遠方有山峰，是穴後方正靠山峰，靠山高則人長壽。**「兩邊夾照」**者，即穴之左右方守護山峰，稱為「夾耳」，主貴人得力，通常一般在橫龍結穴的正後方出現，為後照星。

（六）**水要交。水口要關欄。穴要藏風。又要聚氣。**——穴前左右有龍虎護砂，相交在穴之正前方，在下雨時，水流從龍虎二砂脈內側，流到穴前方相交處，然後流出龍虎砂外方，此處為穴之水口砂，關欄穴內生氣，則穴內自能藏風聚氣。

（七）**八國不要缺。羅城不要瀉。山要無凹。水不要返跳。**——「八國」者，在穴上往正中、左、右邊向前看，全部被群山所環繞，並沒有缺口，像城牆守護着城市一樣，此為之「羅城」。羅城不要瀉，即是穴位高於羅城山脈，則會生氣洩露，人財兩失。

羅城山脈要沒有凹峰出現，這即是山峰與山峰間的凹位，風由凹位吹穴，吹在左方則大房受災，吹在右方則三房受殃，若是凹位之外有山峰補缺，則可平安。

「水不要返跳」即穴前平地明堂處，有水流從左或右方而來，流至穴前中央，突然反跳直出，直直走離穴場，則主二房一發即敗。昔日筆者繼大師恩師　呂克明先生替文氏在香港新界新田重修蛇地，穴前明堂就出現有水流反跳之象，這樣宜速速修治之。

（八）**堂局要周正。山要高起。熟讀此歌。引用無窮。**—— 穴前堂局要正對穴場，或方或圓，總要在中央，生氣凝聚，為穴所受用。穴前方朝山高起，則穴必能收得逆水，但必須有近前案山出現作「擋砂」，方能完美；穴能收得逆水，後代子孫必定發財。

以上是風水的巒頭形勢之重要口訣，這包括有龍法、砂法、水法在內，這些重點，切宜緊記，細心觀察入微後，定能掌握風水的口訣。

《本篇完》

（十五）地有十緊要

繼大師

中國古代堪輿學家著有很多風水口訣，他們將尋龍點穴的重點很簡單的寫出要點，其中有《九歌十訣》，訣中有**《地有十緊要》**口訣，筆者繼大師錄之如下：

「一要化生開帳，二要兩耳插天，三要蝦鬚蟹眼，四要左右盤旋，五要上下三停，六要砂腳宜轉，七要明堂開睜，八要水口關欄，九要明堂迎朝，十要九曲迴環。」

這裡面有很多風水名詞，不是內行人，是很難明白的，這些要點，只是龍法、砂法及穴法的「點滴」口訣，我們尋龍點穴，是有一套完整的方式。【晉】郭璞著**《葬書》**，內有穴法，云：**「乘金、相水、印木、穴土。」**加上穴位之土下有溫度，是為之「火」，於是五行齊全。

風水穴地的造葬，包括「龍、穴、砂、水、向」五大要訣，綜合各種口訣，加上得到明師傳承，及自己的努力，假以時日，必有所成。

筆者繼大師現將《**地有十緊要**》解釋如下：

（一）**要化生開帳** —— 來龍到了一處，突然起出一圓金星丘，中間落脈，左右手開出龍虎二砂脈守護，這謂之「化生開帳」。「化生」者，有穴之父母星辰，且有主脈頓跌而落。

「開帳」者，整個山峰左右伸出，如人之肩膊，左右肩膊再落脈守護中間主脈，主脈之下，多有真穴位可結。

（二）**要兩耳插天** —— 結穴之地，左右必須有龍虎二砂守護，在穴之正左右方，若有尖峰聳立守護，始為之清貴，為穴之「夾耳山」，此「兩耳插天」，比喻有高聳的龍虎二砂，但不可高於穴後方之主峰，否則是「奴欺主」之格局，尖峰向天或向外，不可射向穴方。

（三）**要蝦鬚蟹眼** —— 穴左右有了龍虎二砂守護之後，必須灣環內抱著穴位，此為之「順弓抱穴」，龍虎二砂在標準形態上可分出兩種，「蝦鬚」者，比喻穴左右之砂瘦長而守護穴位，「蟹眼」比喻穴左右之砂肥潤，有「蝦鬚」就沒有「蟹眼」，相反地，有「蟹眼」就沒有「蝦鬚」。

（四）**要左右盤旋**——「左右盤旋」者，用在砂法上，就是龍虎二砂「順弓」守護吉穴，並非「反弓」，抱者為「順」，反背者為「反」，「順」者吉，「反」者凶。若用在龍法上，行龍龍身要左右盤旋擺動，此謂之「有精神」，才能稱得上是「真龍」。

（五）**要上中下三停**——主脈由穴星山峰落脈，星峰如人頭，左右伸出略矮之山脈，如人之肩膊，左右脈與中間主脈一同落下，左右落脈如人之手，主脈粗濶如人之身體。

「三停」即是「上停、中停、下停。」「上停」由星峰之山頭至頸部，結穴以口為主，「中停」由頸部至肚臍，結穴以胸或肚臍為主，筆者繼大師曾在梅縣大埔壩，見一脈結兩穴之地，盡結之穴就是李光耀祖上，遠達三百多年前之祖墳。

同一主脈可結三個穴，肚臍至下陰為「下停」，結穴以陰部為主，名「會陰穴」，一般一脈結一穴，亦有同一脈結兩穴，最多一脈可結三個穴，為「上下三停」之穴，但屬於少數，這亦表示來龍主脈厚而長大，同一脈結四穴亦有，但屬罕見。

（六）**要砂腳宜轉**——守護穴之左右龍虎二脈，開始是從穴方直直往前方去，名「推車」，砂走則人財兩失，故此左右龍虎二脈往前方去至不遠處，脈尾向左右內彎而抱穴，則穴前明堂（穴前平地）被左右脈內彎兜收，生氣全聚於穴前明堂內，此為之如**《葬書》**所說之：**「朱雀原於生氣」**，主應後人聚財。

（七）**要明堂開睜**——「開睜」者，指明堂張開、開陽，主出後人性格多開朗、樂觀，另外亦可指穴之左右龍虎二脈突然屈曲成三角形，像人之手睜，左右尖角向外，主應出有權力之人。

（八）**要水口關欄**——穴前朝山、案山均有，遠者為「朝山」，近者為「案山」，又稱「岸山、將山」，無論是朝山或案山，穴中間要出現的平地（**明堂**），穴上可見前方明堂內最低點位置，為「出水口」。

穴上可見出水口之處，要出現山丘，名「羅星」，高聳的石山名「北辰」，像飛鳥形的山丘名「禽星」，這些都屬於水口砂範圍，把穴前明堂內的生氣關鎖着，生氣全聚在明堂內，為穴之所用，主應聚財，故水口要關欄。

（九）**要明堂迎朝**——穴前平地謂之「明堂」，四勢之山要守護明堂，穴前方經過明堂而看見穴正前方山峰謂之「朝山」，前山高過穴位之高度為之「迎」，朝山高聳是為「迎朝」，有迎朝之山，穴必定收得逆水，主出富人。

（十）**要九曲迴環**——穴正前方有「S」形水，是為水流迴環，古時謂水要「之」、「玄」，「九曲」者，比喻穴正前方有很多屈曲水流出現，若收得逆水，主出富貴之人。

以上十點口訣，都是點滴之「龍、穴、砂、水」的心法要訣，筆者繼大師認為，若要全部齊全，恐怕萬中不得其一，但只要符合結穴條件，就可以稱得上是「真龍結穴」，這必須得真道之明師心傳口授，加上個人天資及努力，始能明白。

《本篇完》

（十六）地有十富

繼大師

風水學中有**《九歌十訣》**，其中有**《地有十富》**，筆者繼大師錄之如下：

「一富明堂高大。二富賓至相迎。三富降龍伏虎。四富朱雀懸鐘。五富五山聳秀。六富四水歸朝。七富山山轉腳。八富嶺嶺圓豐。九富龍高抱虎。十富水口緊閉。」

筆者繼大師解釋如下：

（一）**明堂高大者** ── 結穴的位置，其高度較低，穴之正前方的明堂（平地），被四週的山脈圍繞着，在穴位上向前方看去，在視覺上，感覺前方的明堂略為高出，則所有穴前生氣全聚於明堂內，主聚財。

（二）**賓至相迎** ── 穴為「主」，朝為「賓」，「賓」者主穴正前方朝案之山，若朝山「相迎」，「迎」者，朝山一定高於穴位，穴必收逆水，主得財。

（三）**降龍伏虎** —— 穴之左右守護山脈稱之為「龍虎」，左右二脈而包抱穴方，其形有馴服之勢，或拱、或伏、或抱、或來歸降，總要為穴之所用，有聽令於穴之意。

（四）**朱雀懸鐘** —— 「朱雀」者指穴之前方，【晉】郭璞著**《葬書》**云：**「朱雀源於生氣。」**「懸鐘」者，穴之正前方有高聳的山峰，形狀如同佛寺內所懸掛的銅鐘一樣，比喻朝山高聳，穴必收得逆水之氣，故主富。

（五）**五山聳秀** —— 「五山」者，穴之後靠山，穴之左、右方之守護山峰，稱之為「夾耳山」，穴前朝山、案山，若五山高聳而秀麗，穴前方之明堂（穴前平地）必定窩深，所有的生氣必凝聚明堂中央，為穴所吸納，主富也。

（六）**四水歸朝** —— 指穴前有可見的「明堂」（穴前平地），被四週的「羅城」（羣山環抱像城牆）環繞，在下雨時，前後左右四週的水氣滙入明堂，此謂之「四水歸朝」，若明堂是湖、海，四週有河流滙入，然後慢慢的流走。筆者繼大師研究郭璞著之《葬書》，得知這個過程是：

先有來水，然後止聚在明堂內，最後慢慢流走，穴前不見出水口，水氣被穴所受納，穴得前堂之生氣，名水聚天心，必主富也。

（七）**山山轉腳**——無論出現在前方、或前方不遠處或前處遠方之穴前龍虎砂（**左右守護山脈**），所有脈腳均轉內包抱着穴方，在穴前看去，關鎖穴前明堂之生氣。

（八）**嶺嶺圓豐**——在穴上向四週看去，羅城群山四週圍繞，山峰、山嶺，全是圓金形，而且豐滿圓潤，穴上收之，主後代子孫能家肥屋潤，人丁興旺發達。

（九）**龍高抱虎**——穴之左右守護砂脈，左方青龍砂要比右方白虎砂略高而長，包過虎砂，以筆者繼大師的經驗，白虎砂伸向穴前過了中間而包抱堂局，此為之「過堂」，則穴前生氣凝聚，主聚財。

（十）**水口緊閉**——穴前方堂局被四週羅城群山環繞，筆者繼大師認為，無論水氣從右至左，或從左至右，或從前方來，以穴上向前方可見的範圍內，不見有出水口或來水口，所有生氣，全聚於穴前明堂內，亦主聚財。

以上十大點，其實都有共同點，想要發財，必定要收得穴前逆水，正如郭璞著**《葬書》**云：**「得水為上。藏風次之。」**無論是「見真水」或是「不見水」，總要穴前朝山高聳，穴收逆水，則近穴方要有「擋砂」，如朝山高聳，穴位位置不高，則近穴前之案山為擋砂，這是避免水氣直接沖射穴場而產生煞氣。

《本篇完》

（十七）地有十貴

繼大師

中國古代堪輿學家著有**《地有十貴》**歌訣，筆者繼大師錄之如下：

「一貴青龍雙擁。二貴龍虎高聳。三貴嫦娥清秀。四貴旗鼓圓峰。五貴硯前筆架。六貴官誥覆鐘。七貴圓生白虎。八貴頓筆青龍。九貴屏風走馬。十貴水口重重。」

筆者繼大師解釋如下：

（一）**青龍雙擁**——一般結穴左方（青龍方）與右方（白虎方）要對稱，或是青龍方要高一些，此為之合法度，青龍方有兩層山脈守護，外層比近穴一層為高，順弓環抱，擁護有情。

（二）**龍虎高聳**——穴之左右方有山脈，脈上有山峰高聳，守護有情，若峰頂有大石，此謂之「曜」，主官貴，但龍虎砂不可高於穴之後靠主峰，否則會成「奴欺主」的格局。若來龍靠山及龍虎二砂各有三層，則出高官。

（三）**嫦娥清秀**——指「娥媚」砂，為濶長之圓金形山丘，像娥媚月形，主女貴，若是出現在穴前為案山，女人有聲名。

筆者繼大師曾在廣東封開市北郊，有一李姓村落，內有祠堂，村莊入口，正收前方娥媚月形案山，據村民說，村中有後人的女兒在香港做明星，正是「娥媚砂出女貴」是也。

（四）**旗鼓圓峰**——無論陰宅或陽宅，其前方明堂左右邊各出現一山丘，一丘頂略尖像旗，一丘頂圓平像鼓，守護穴位，主後人多出官貴。

（五）**硯前筆架**——穴前明堂出現水池，池外有山，形如筆架或文筆，正朝向穴方，主出文人官貴。

（六）**官誥覆鐘**——穴前有朝山横放，中央平，左右略突出，形如誥軸，即中國古代官員代表皇帝宣告聖旨，或是官員奏摺呈皇帝的誥軸，朝山前方，有圓金形山峰，形如覆鐘，亦主官貴。

（七）**圓生白虎**——穴之右方（白虎方）有守護山脈，頂圓形而有情，主有女權。

（八）**頓筆青龍**——穴之左方（青龍方）有山峰豎立如文筆，名「頓筆」，主男人出文人官貴。

（九）**屏風走馬**——穴之前朝山巒，形如「屏風」（即是大幛）橫欄穴前遠方，山下又生出兩個略矮的山峰，形如「走馬」，主出官貴，如巡按、欽差、外交官員等，主走遍各地，主持職務。

（十）**水口重重**——穴上遠方，無論在左方或右方出水，水口處有重重橫脈關欄，迂迴曲折出去，走離穴場，又有禽星守水口，則生氣凝聚穴前明堂，主富貴。

筆者繼大師認為這十點是概說，方便記憶，其實何止十點呢！出官貴是有其特別的地方，不離「官星、曜星、文筆、筆架、旗鼓」等砂，當穴位附近出現此等砂物，而在穴場上又可以看見，為穴所收納，必出官貴無疑。

又有一種文筆峰正對穴場，此峰為獨朝之山峰，形狀高聳，左右兩邊山腳略有少許向外伸展，尖峰頭略圓，山峰石多而粗頑，山勢粗雄威猛，四週有矮小山丘環繞，有這種文筆峰，並非出大文豪，而是出判決囚犯行刑之生死判官，此文筆是為**「判死筆」**。

學地者若要懂得此種砂法，必須隨明師登山親授，加上努力，假以時日，始能明白。

《本篇完》

特朝端正之文筆峰火星作朝

遠朝之天外筆架山

左右有多層曜星，又有禽星守水口。

有文筆在硯池側，是逆水局，主富貴。

（十八）地有十貧

繼大師

中國古代堪輿書本中，有很多風水口訣，其中有**《地有十貧》**，筆者繼大師錄之如下：

「一貧水口不鎖。二貧水落空亡。三貧城門破漏。四貧水被直流。五貧背後仰瓦。六貧四水無情。七貧水破天心。八貧潺潺水笑。九貧四顧不應。十貧孤脈獨龍。」

筆者繼大師現解釋如下：

（一）**水口不鎖** — 穴前明堂內最低的地方，穴上可見，當下雨時，水從最低點出，此謂之「穴前出水口」，水口沒有山丘、石山、或任何高出的地物所阻隔，則水流之生氣直出，流離穴場明堂，而且水口濶大空蕩，以致生氣無法凝聚於明堂內，主穴之後人貧窮。

（二）**水落空亡** — 穴上可見的水口方，其位置於空亡卦綫上，原則上是：**「水出煞位，則旺氣入穴」**，但水出空亡位，則屬於陰陽不定，二氣夾雜無主宰，為之真煞，主後人有災厄，甚至夭亡。

（三）**城門破漏**——「城門」即是出水口，「破漏」即是沒有任何地物闗欄，水口空蕩，或有水口直走，生氣不能凝聚於穴前明堂內，主後人窮困。

（四）**水被直流**——穴前左方或右方，或正中間有水流直流出穴前遠方，此為之「水走」，主人財兩失。

（五）**背後仰瓦**——墳墓葬在略帶横長而矮小的「凹腦土」山丘中間地方，後方平而沒有突出之頂脈，像瓦片仰臥向天一樣，沒有父母星丘，或星頂不夠高，高不過墳頂，必主短壽。

筆者繼大師曾堪察一穴名「鐵爐墳」，後有凹風掃腦，沒有安碑，墳面鋪上白色石灰，與「仰瓦」穴差不多，所以點穴一定要得明師真傳，否則誤人矣。

（六）**四水無情**——穴前、中、左、右有反弓水流（背水城），此謂之「無情」，主子女不孝、叛逆、破財及諸事不順等。

（七）**水破天心** —— 穴前方有水流直插向穴場，或左、或右插向穴方，或有水流由穴下向前方案山插去，若案山是太陰金形星，為水破太陰，主出陰陽人。明堂被水流沖破，不能水聚明堂，「明堂」者即天心，主不能聚財，以致損人丁。

（八）**潺潺水笑** —— 在穴上可見範圍內，有湍急水流經過，發出很大的聲音，此為之「聲煞」，主穴後人悲愁，**《青烏十不葬》**其中有說：「**不葬風水悲愁之地**」，後代或出淫蕩之人，為淫褻之水聲。

（九）**四顧不應** —— 「四顧」者即「四應」星，以穴為中心，正後方靠山、正前方朝山、正左右夾耳山峰，合共四正山，共同守護着穴場，若四山其中一山不顧，都非真穴。左方缺則長房遭殃，右方缺則三房有病、窮困，嚴重者會夭折。

有時候雖然有顧及四應星，若非點在有地脈集中之處，都非真結之穴，切勿點在凹陷之地上，易犯界水，嚴重者後代會孤絕。筆者繼大師曾在元朗洲頭堪察一穴，它點在來脈脈脊陡斜之地上，結果從此再沒有後人拜山，直脈脈脊衝墳，是孤絕之地，不可不慎。

（十）**孤脈獨龍**——單獨之行龍之脈，左右沒有護脈（奴砂）守護，只是左右很遠的地方有山，又或者是行龍之脈，但沒有手腳肢爪，風水學術語中謂之「迎、送」，這亦是孤獨龍脈之一。

筆者繼大師認為一般人不適宜造葬，若孤獨龍脈前去有結地，主出高僧或結神廟陽宅之地，若是龍脈長遠而來，主高僧喜四處雲遊十方。

以上之《地有十貧》，只是點滴之說，窮困的原因，以筆者繼大師的經驗，就是穴前水去不回頭，不能「得水」，若「得生氣之來」就是得財之因，包括世界上任何一個國家，若其首都城市都會得「水流長遠、屈曲有情、水流流量大」等等，收到水神，加上向度得位，就是發達、興旺、強盛的原因。

《本篇完》

（十九）地有十賤

繼大師

風水口訣中，有**《地有十賤》**之說，筆者繼大師錄之如下：

「一賤八風吹穴。二賤朱雀消索。三賤青龍飛去。四賤水口分流。五賤擺頭撓尾。六賤前後穿風。七賤山飛水走。八賤左右皆空。九賤山崩山裂。十賤有主無賓。」

筆者繼大師解釋如下：

（一）**八風吹穴** ——「八風」者，即「東、南、西、北、東南、西南、東北、西北」八方吹來的風，或任何八方其中一方的風來吹穴，都會構成風煞，風帶有水氣來吹穴，骨會發黑，左風吹來長房遭殃，右風吹來三房凶險，主應疾病、意外，甚至後代會孤絕。

（二）**朱雀消索** ——「朱雀」者即穴位前方可見的地方，「消索」者即穴前很少山丘地物出現，大部份是平地一片，或只是有一丁點山丘，這說明穴前明堂散蕩，沒有朝山、案山、羅城及任何山丘，生氣不能凝聚，若明堂全是平地，沒有關欄，穴位在山丘之上，穴高前低，為送水局，窮到底，人財兩敗。

（三）**青龍飛去** —— 穴之左方（青龍位）有砂脈斜斜向外直走，這謂之「斜飛」，主大房人財兩敗，或向外地發展而不顧父母祖宗，是砂飛水走之一。

（四）**水口分流** —— 在穴上向前方的可見範圍內，穴前堂局上的最低點，為之「出水口」，若是水流分叉而去，沒有任何山丘、石丘或其他山脈守護，而且出水口闊大，引致水流流量大，是為「水口散蕩」，沒有關欄，主敗財，出現在左方應大房，在右方應三房，在中間應二房。

（五）**擺頭撓尾** —— 「撓」者彎曲也，指龍脈擺動不停，頭尾均屈曲擺動，大凡來脈太過擺動，脈氣不能集中於一處，一般臨結穴前一節，稱為「倒頭一節」，應該會較為直而略短，但不可太長，這樣較為有力，再配合後靠、左右龍虎、堂局及朝案，穴始為真。

若脈氣短少而過份擺動，則脈氣未止，似是虛花假穴。筆者繼大師認為，一切以「龍、穴、砂、水」

去証穴，任何一穴都會有瑕疵，若能找出修改方法，便可判斷吉凶，可以決定是否能夠造葬。

（六）**前後穿風** ── 「穿風」者空蕩也，無依無靠，必定受風所吹，脈氣不止聚，或有凹風從兩山峰中間夾縫吹穴，或後方凹風掃腦，或前面有夾山形成風洞，此為之「箭風」，吹穴則人財兩敗。

（七）**山飛水走** ── 亦可作「砂飛水走」，「砂」不單只指山，亦指所有的山形地勢及地脈，在穴前出現有多條直脈，由穴方走去前面遠方，或在中間直出，或在左右斜出，長條形的山脈走離穴場，則下雨時水流隨山脈而走，這是真正的「砂飛水走」，主人財兩失，窮到底也。

（八）**左右皆空** ── 在山崗龍來說，形成「穴」之原因，是因為後面有來龍，左右有山脈守護，既然左右皆空，沒有任何山脈作砂手守護，就不是真龍結穴，穴必受風吹，受風煞影響，則生氣散蕩，致穴中屍骨變黑，主後人窮困、生病及敗絕，但平洋龍則屬例外。

（九）**山崩山裂** ── 大凡山脈崩裂，有兩種原因，一是山脈無氣，地質疏鬆，遇到大雨沖刷侵蝕，容易崩裂倒塌，二是地震造成山脈崩裂，主應後代子孫有凶險。筆者繼大師得知晉代風水祖師郭璞先生曾經在中國温州覓地建城，他在一山崗頂上勘察（現名郭公山），並看出甌江之北地質鬆散，甌江之南地質堅厚，於是在江之南面建城，就是避免地質崩裂。為了使風水更好，他取 36 天罡，72 地煞之數，在城內共建 108 口水井，以應天地之數，但現時太部份口井已毀。

（十）**有主無賓**——「主」者，指本身穴位，包括後靠主峰及父母星丘，「賓」者，指穴前方可見的山峰，包括朝山、案山、環繞穴前的所有山脈，包括穴前「羅城」，若穴本身靠著山峰，位置必定高於前方平地，穴前沒有任何山脈出現，只是一片平地，亦沒有任何山丘關欄，必然是水走之地，水氣一去不回頭，窮就窮到底了。

穴地何止有十賤，亦有石頭巖巉破碎的龍脈所結之穴，因常被風吹所致，是賤龍。穴地十賤，只是方便記憶，穴之貴賤與「風」有關，穴之「去水」與收「逆水」而產生「貧富」之別，山脈長期受風吹，必定泥土缺失，石頭露現，這就是賤的原因，甚至出惡人、黑社會人物等。藏風氣聚，吉穴則必然受到保護，必然土潤石少，這些都是重要的原則，謹記這些口訣，受用無窮。

《本篇完》

（二十）擇地造葬之忌諱 ── 青烏七不葬

繼大師

【秦】青烏子著**《青烏經》**，內有七種山形是不可葬的，其中有云：

「童斷與石。過獨逼側，能生新凶。能消己福。」

這七種山形及地質，筆者繼大師解釋如下：

（一）**童山** ── 童者，如孩童，比喻山脈地方，雖有形勢，又沒有石塊，但表面全是乾泥，泥土混合了少許沙質，有些出現如朱砂般的紅色土，寸草不生。

筆者曾於一九八九年十月與一班師兄弟，隨恩師 呂克明先生前往江西三僚村考察風水時，途經贛州市近廣東省邊界，曾見過此等朱砂赤紫紅色而寸草不生的山脈，土有質量而沒有吉祥地氣。

第二種之童山，在中國西北部之黃土高原，寧夏回族自治區，黃土土塊綿綿不絕，亦是草木不生，出人較窮困。

第三種之童山，可以說是沙漠，亦寸草不生，沙丘隨風而轉換，沒有水源，可謂童山之極也。

（二）**斷山**——斷山者，山脈相連處，中間突然斷掉，脈氣斷失，山脈因長期受雨水侵蝕，地脈無氣，水泥流失，就會自然下塌，或遭遇地震，山脈崩陷，或被洪水沖毀，這都是天然所造成。

亦有遭人為所破壞的山脈，如開闢公路、開礦、開山、建水庫等，若見龍脈來氣已遭破壞，縱使龍脈止處有穴可結，亦不可擇地造葬，若勉強下穴，當地運行至龍身脈氣斷掉處時，便會損丁，嚴重者會有絕嗣之虞。

（三）**石山**——一座大山，若橫放在大地上，稱之為大幛，山脊之頂端是分水嶺，當下雨時，雨水流向凹的一邊，故凹位那處樹木茂盛，故屬於山之面，突的一方，多缺乏雨水，受風吹雨打，以致石塊顯露，這是山脈的背，故石山多出現於風所行經的地方，尤其是在垣局中出水口處。

若是山脈的背，滿山多是石塊，縱使有結穴，仍不可取用，葬下易蔭生惡人，是謂「石山之不可葬」。

有一種石山，全山是一巨大石塊，出現在整個垣局的出水口處，是為「水口砂」，小的名「羅星」，大的稱「北辰」。如廣東封開的大班石，香港屯門三聖墟公園內被炸毀的大石塊。

有些結穴地脈，本身沒有石塊出現，但他左右護衛的山脈，脈上有峰，峰頂出現突出的石塊，或像石筍，或矗立向天，或石塊向穴外方射出，只要石塊不衝射穴塲則吉，此種石塊，稱為「曜星」，助穴之葬者後人發官貴。

（四）**過山** ── 過山者，是經過的山脈，比喻龍氣由地脈經過，雖是行龍處，但地氣未止，若造葬不恰當，會損丁傷人，尤其是山脈由高處落下，陡斜的形勢，是地氣往下方沖去之處，陡斜令地氣急促而帶煞，故在「過山」處不可造葬。

筆者繼大師曾在梅縣大埔壩及元朗洲頭，曾見有墳穴葬在其中，其後代損丁。

（五）**獨山** ── 獨山者，即孤獨之山，為獨山龍脈，其特徵是：

脈無肢腳 ─ 龍脈之左右方，雖有護從山脈守護，但其主脈本身沒有手腳向左右伸出，如蚯蚓般，本身為孤獨龍。

無近護纏 ─ 龍脈在行進中，左右近方，沒有山脈守護，只在遠方有山群出現，這亦是孤獨龍脈。

全無護纏及肢爪 ─ 若龍脈沒有肢爪，又沒有左右山脈守護，這種山脈形勢，不能稱為龍脈，很難有結作，除非在脈之盡頭處是山丘，且落脈兩邊開出龍虎內砂，前收高山逆水，此孤獨龍頭，只可用作神廟，若結陰宅，當出僧人或修行人。

（六）**偪山** ─ 偪山者，非單指行進間的龍脈而言，真龍在行進間，左右有山脈一同前行，三條山脈之間是凹坑界水，中間龍脈低小，左右護脈高出，而且高逼，迫壓地夾着主脈，這表示「奴欺主」的格局。

有一些特別的穴地，面前有山逼近，且有欺壓感，是為山逼不可葬，但用特別的立向方法，可以補救一二，但若左右山又逼近，則主後代窮困，不宜造葬。

又有一種穴，其位置極低，近前案山逼近，下有界水橫過，名「下陰穴」。筆者繼大師曾在九龍坑山下，見有一「仙人蹻腳穴」，穴結會陰，造後葬者後人連升三個職級。

亦有一種穴或陽居，建于深坑之內側，前面逼，穴前沒有平托化解前山逼壓之煞，故下雨時，受水氣所浸淫，甚至被水所沖倒，是為「犯界水」之煞。

所以有葬逼山者，全憑眼力，必須具備上乘功夫，始能發富貴。

有些陰宅或陽宅，前方中間及左方或右方，一半被高聳的建築物所阻隔及欺壓，左一半見天空，右一半欺壓，是謂「陰陽交雜」，煞氣射穴，宜避之則吉。例如香港大埔舊墟的「帝文武廟，有大廈建在後面青龍方，令文武廟後方一半被欺壓。

若是陽居村屋，可在最逼處或開陽處開門，先從巒頭上分出陰陽，再配合向度，兩者相合，始能圓滿。

（七）**側山**——側山者，不同於逼山，「側」是山不端正，有朝他方之情，形有傾倒之勢，山不端正，出人自然不正，物以類聚，人山同理。然而，側山可以為逼山，亦可作靠山、朝山或來龍之山等，但不可作案山，因案山要橫平闊欄，不可窄而側，否則出人思想鬼祟。側山若為穴之靠山，因山之不正，墳穴容易靠空，影響壽元，故說側山不可葬。

以上《青烏經》之七不葬，是風水中之定法，以此為學習基礎，熟悉後再將其變化，便是活法。

寫一偈曰：

青烏七不葬
定法為基礎
老練法則活
能懂自無妨

《本篇完》

（廿一）造葬四則 ── 青烏十不相

繼大師

大凡造葬，古人定下四個原則，以此為標準，穴下後始可邀福。這四種原則是：

（一）有真龍，無真穴，不可葬。

（二）除龍要真外，穴之位置要準確無誤，穴位要正，造葬要得法，不可掘破穴暈之五色土。（即正穴之美土要包着下葬之骨殖金塔）

（三）無德及無福份之人，不可與其祖先點穴造葬。

（四）無大吉日課，不可造葬，以免沖犯凶星而遭災厄。

而歷代風水先賢有如此之說。陳希夷《四要》曰：**「要龍真。要穴正。要葬善。要時宜。」**

厲伯韶之《四不下》曰：**「無穴不下。無德不下。無福不下。無期不下。」**

楊筠松之《三不葬》曰：**「有龍無穴不葬。有穴無人不葬。有人無時不葬。」**

這四點是古代風水地師點穴與人造葬之四大原則，反觀現今，時移世易，此原則名存實亡，明師難求，不論「穴、時」是否得之，若以金錢掛帥，無真材實料，靠吹捧得名，名利兼收，實在令人可悲！

除此四大原則外，還要避免葬祖先於去水之地，而明堂傾跌及水去不回，多是穴前不見案山所致，而穴四週要避開凹風射穴（**凹峯若是正朝而闊大者不忌**），亦要避免葬在過峽有劍脊之殺師惡龍穴地上。這即是廖金精先師之**《葬地六戒》**曰：

第一莫下去水地。立見敗家計。——穴靠高山，前方是平地，沒有山丘出現。

第二休尋劍脊龍。殺師在其中。——來龍過峽處有眾多尖石插天。

第三最忌凹風穴。決定人丁絕。——穴前或左或右，有凹風吹穴。

第四久嫌無案山。衣食必艱難。——穴前沒有橫欄之案山出現。

第五怕明堂跌。決定破家業。——穴結在高處，內堂淺，前面傾跌，沒有朝案之山。

第六偏憎龍虎飛。人口主分離。——穴之左右砂脈反手他去，主離鄉。

這「龍虎飛」，即穴之左右山脈或水流是反弓之狀，這正是離鄉砂，潮州式之穴墳，左右邊多作有反弓之墳塋，亦主人多離鄉外謀。

然而風水龍穴砂水之法，變化莫測，以此大原則，作立穴之準繩。而【漢】青烏子有十不葬法，筆者繼大師現將《**十不葬法**》解釋如下：

（一）不相粗頑醜石——大石巉巖峻峭，出現在穴前後四週，皆是龍氣未化之地，唯祖山獨火廉貞則以石為貴，四方風煞皆未能損其祖山，而穴之左右龍虎山丘上有大或小之石，則是穴左右曜星，增加穴之威勢，但切忌在左右砂之內側而沖射穴場。如真龍出脈，將結穴處有很多石，若穴位之處是土穴，方可葬。

（二）不相急水爭流——若穴前有急水相滙，是謂爭流而出，水急流則山脈氣多走竄，氣不易聚。水流急速，形勢似劍鋒相交，謂之「**水流之交劍煞**」，且流水急走，多是送水格局。

（三）不相窮源絕境 —— 窮源之地，多是水之發源處，亦即龍脈發出之地，地雖寧靜，然而地多困，四週高圍，像幽谷之地，成囚困之像，不得生氣，若是龍真穴的，方可使用。

（四）不相單獨龍頭 —— 獨龍必孤，左右無護纏之砂，若氣脈止處，穴下後當出高僧，遊方四處，但必須本身龍脈在結穴處有左右侍砂，微微兩界水，穴始可用。否則是絕地。

（五）不相神前佛後 —— 古人建廟，多擇地氣旺盛之地，一是陽居結穴，但穴後有巉巖大石，嶙峋異常，煞氣未化，居住不宜，若作廟宇，則可鎮著石煞，且石多居水口砂處，神壇廟宇可兜收逆水，更可鎖一方之水氣，化其石煞，護佑萬民，香火不絕。如汕頭白花尖大廟，建在磐石風景名勝區的東面偏北近榕江江邊，背靠巉巖巨形平土石山之水口砂處。

若廟宇附近有墳穴，造葬不得法，向度又失元，旺氣則多被廟宇吸去，但若離廟不遠，又是龍真穴的，立向當旺，本身地氣旺盛則不忌，況且廟宇中之山僧，圓寂後多葬在附近，故亦不忌。

相傳廖金精在德興與張少保（張潛公）點穴造葬一生基墳穴，剛好穴之位置在吳王芮廟之地基範圍，其主神甚靈異，不可侵犯，村民亦不敢拆廟，廖公對張潛公說：

「可等至壬申年，你家中必產下一貴子，可着令其乳母養他至約三四歲，能明白人意，懂說話，即可抱此子入廟，在神廟案上，令乳母以生果供品給他吃，此子必言拆廟也。」

他預先令村民僕人百餘人到廟間，等候此小童說拆廟，眾人必信無疑，然後廟可拆穴可扦。後果如廖公所言，至壬申年誕下張忠定，即是這小童。拆廟扦穴後，張忠定長大後官至少保，張潛公亦至少保，真是少保墓出少保也。

此事載於《地理人子須知》〈卷四中〉，是人神爭穴地之故事，但其真實性則存疑。據筆者繼大師所了解，相信廖公知道張潛公祖上積有大善德，且會在「壬申」年生一貴子，而此貴子張忠定的福德力高於此廟之地方神靈，故言可以拆廟，相信一切都有前因後果。

（六）不相墓宅休囚 —— 此墓宅休囚，即是龍運正值衰敗之時，此作法必須有精於巒頭理氣之地師方可辨之，若是真龍結穴而時運不顯，若強而扦穴，則福暫不能發，若不犯日課神煞，則要視乎巒頭是否有煞，若有大煞，行至煞運，必生災害，這要因穴而定。

若巒頭無犯煞，下葬又不犯日、時、年煞，筆者繼大師認為無妨。立生旺之向，以補龍運之衰，為暫時之方便法，但若穴墳巒頭迫困休囚，明堂不開陽，則生氣不聚，多是有志難伸之象，這是巒頭之力勝於理氣之力。

（七）不相山崗潦亂 —— 這山崗潦亂之說法，其範圍廣闊，這正是尋真龍之法，若山崗脈亂，無一脈是真龍，必須得知真龍之尋法。古云：「尋龍三年。點穴十載。」真龍能確認，一定不相山岡潦亂之地。

（八）不相風水悲愁 —— 風水悲愁者，即穴塲附近有急流，或瀑布等；急流發出悲啾之聲，或風大，將水流吹得發聲，這多真氣不聚，水流聲成聲煞，對穴墳不利，而地勢多粗雄，石山及急流多，如何安寧氣靜呢！故此等地不宜造葬，亦不用相也。

（九）不相坐下低軟——這坐下低軟，穴必在脈氣之盡處，多是脈之餘氣，或來脈沒有起伏，以致軟弱無力，脈氣疲弱，這是龍穴之大忌。這樣情形下，附近山脈必定高出，穴易被水氣所侵，故不用相。

（十）不相龍虎尖頭——若有真龍結穴，而左右龍虎砂之盡處，其形帶尖，在穴上看來，見左右兩尖砂相對，其距離相若，是龍虎相鬥，主兄弟相爭不和，嚴重一些，是自相殘殺。

又或左右二砂有石，是名「曜星」，雖主貴，但忌龍虎山形如拳，雙拳對峙，亦主兄弟不睦，若龍虎二砂在穴前成一前一後則不忌。

這處之重點是龍虎與穴同一距離而對射，若能用人工修造則可化之，若不能修改，則是穴之瑕疵，吉凶齊應，取用與否，必須衡量。

此十種「穴之不相」是慨說，至於穴之不可葬，還有很多原因呢！這必須對「龍、穴、砂、水」四法有深入認識不可，最後還要懂得立向，這就是風水之五大要素。或許窮一生精力，亦未必學懂。

寫一偈曰：

大地不可量
龍穴砂水向
五者若能精
風水可宏揚

《本篇完》

（廿二）真穴立向四法

繼大師

山川地理，變化萬千，點穴之道，首認山龍是否得氣，有氣始是真龍，既明白真龍後，更要確認龍之貴賤，龍身是否有缺憾等。若無大缺點，即要看龍是否有精神，可從行龍中之動態分辨之。若有精神，龍必有起伏，行進中有左或右之擺動，有收又放，左右必有護砂。

龍將結穴，必有蜂腰（肥者曰蜂腰），或有鶴膝（瘦者曰鶴膝），此即是龍之收放處。到頭一節，必有父母星辰，然後落脈，或作窩、鉗、乳、突不等，於是穴胎始成，定是真穴無疑。

穴上必具四應星辰，龍虎砂環抱，朝案俱備，穴內必聚真氣，這就是結穴之條件，亦是証取真龍真穴之法。古語云：「尋龍三年，點穴十年。」由此可知，尋龍點穴，就是風水地理師必懂的學問，若不曉得，不能稱之為「風水地師」。

尋龍點穴，不可能從書本上得知，所以沒有「看書而成的地師」之理，必須得明師心傳口授，親臨山上傳心傳眼，否則，只是紙上談兵，不能登風水之堂奧。據筆者繼大師所知，能尋龍點穴之人，若不懂理氣，亦可作穴，因此真正的地師，若登山點穴，不需使用羅庚。

假如有人自稱要用羅盤作點穴用途的話，此人一定不懂得點穴之法。若真穴能點着，就要在穴場上用羅盤決定大向，以穴之向度，作收山出煞之用。

不論地師以何家作理氣立向，若能點着真龍真穴，依山勢及巒頭山脈作向，仍會有出錯機會。三合家以羅盤中的二十四山正針立向，以天盤、地盤、人盤作收山出煞之用。

三元家以羅盤中的三元天盤六十四卦立向，以天盤之天星卦運收山出煞，以山水之情相配，再加以三元各運配合，所謂山水之情，即陰陽相配。在**《地理囊金集註》**之**〈新增水城篇〉**有云：

「大抵山本靜。貴乎動。水本動。貴乎靜。靜為陰。動為陽。有山必有水。有水必有山。山之與水。陰陽相配也。」

三元家以山與水、陰與陽、動與靜作為吉穴立向之根據，這正是此段之寫照。由於真龍真穴，必有四星應照，大抵山川奇峰以作特朝，或有凹峰在羅城中間而朝穴，這種情形之下，就可決定真穴之向度，是天生自然。《**新增水城篇**》又云：

「天地間。有一龍。必有一穴。穴既真。必有一向。向既正。則砂水無不拱之。此天生自然之理。豈可就星卦擇方位而易之乎。」

此段說法，是有一定之理，雖然真龍真穴，定有其真向，這是標準穴向之斷法，並不表示是「一定之理」。筆者繼大師曾經認識一位做山墳之東主，他與他自己祖先卜葬山墳，就是以巒頭定向，以穴之朝山或凹峰或案山作特朝，選定目標，作定穴之向。

此種以「特朝」作穴向，筆者繼大師並不反對，若然明瞭真龍真穴之結作，以此方法作穴之向度，是非常正確的，至少不易犯上大錯。但是，若時運天數不明下，以此法作向，是不能控制其發達之元運。若逢立上衰運之向度，雖不即時得福，但亦不致凶險，因巒頭功夫比理氣功夫更為重要。

若不幸立下衰向或失元運向，雖然不佳，但若待「衰運」過去，「當運」到來，則仍可大發，因為真龍真穴之地氣，其力量非同小可。有些大地靈穴，要待十代八代後，或待二、三百年後，其後代始出一代梟雄，或極貴之人，因龍有來龍之運，水有水口之運，互為相對。

另外，有真正之三元地理風水明師，他點出真龍真穴之後，他又不依巒頭立向，亦不依穴前之「特朝之山」，或「凹峰」作向，他是依三元元空六十四大卦之「卦運天星」立向，取其生旺向度，以「北斗七星打劫法」，將穴之向度轉移，使龍運更變，砂水亦轉移。所以此法極為秘密及珍貴，能使用此法之人，天下龍穴之向度，盡在掌中矣，羅盤也可放光呢！

在**《新增水城篇》**中之：**「豈可就星卦擇方位而易之乎」**一句，若說是正確，亦不是，若說不正確，亦不是。查其原因，是：

（一）若依巒頭之朝案或羅城凹峰定穴之向度，則未能兼顧龍穴之時運。

（二）若依卦運定龍穴之向度，則未有完全兼顧真龍結穴之巒頭砂法。

這兩種可能性均有機會出現，所以，都是一半一半的機會率，不是真理之全部；若要真得立向之法，必須在巒頭兼理氣上，兩者之功夫要深厚，則可定穴之向度。向是影響穴之吉凶尅應，非常重要。

在蔣大鴻著之《**天元歌第三篇**》有云：

「向首一星災福柄。去來二口死生門。」

這兩句說話，正是點出「**決定真龍結穴吉凶之尅應**」，是一語道破其吉凶之竅門。每一吉穴，必有其地運，控制吉穴之地運，就是此兩句話。即：

（一）向首吉星 —— 向是統攝龍、穴、砂、水四種東西之生旺衰煞權。

（二）去來二口 —— 穴之去來二口，即穴之水口，有來水口方及去水口方，此來去水二方，能影響穴之吉凶，控制龍穴元運，操生死權，為水口管局，故云「生死門」。

至於在真龍真穴以「特朝」之山作穴之向度，在某些情況下是錯誤的，正如在《**地理辨正疏**》〈**卷四**〉之《**都天寶照經**》中所說：

「立宅安墳要合龍。不須擬對好奇峰。主人有禮客尊重。客在西兮主在東。」

此段經文就是說出真穴未必依穴前特朝山峰定向度，必須合來龍為主；這就是三元地理的龍、山、水、向四大要素上之配搭，以羅盤中之三元天盤六十四卦相配，其原理是：

（一）坐山方向配上來龍之方向

（二）穴之向度配上水口之方向。

由於有此坐山，必有此向度，例如墳穴坐「子」，必定向「午」，一定是合十夫婦卦，所謂「相對」是也。所以有某風水大師常說：「以坐山之方向收取合十夫婦卦之向度。」

這句話是表面上有理，其實是說了等於沒有說，因為坐與向是相對的，坐坤卦䷁，一定向乾卦䷀，若有人說「坐坤卦䷁山收乾卦䷀向」，這是沒有意思的，根本就是廢話。所以，若明白風水之邏輯性，以智慧分析，可以辨別風水師之真偽。

另外，在**《地理囊金集註》**之**〈新增水城篇〉**有引述**《黑囊經》**中之句語，云：**「《黑囊經》**云：**『用卦不用卦。卦向穴中作。時師專用卦。用卦還是錯。』若能審究之。便是真郭璞。知者觀之。思過半矣。」**

此段之說法，若是針對時師之作法，是可以的；但是，對於精於巒頭及理氣之地師而言，就顯得甚不合理。因為地師在決定穴之向度時，有下列四種方法：

（一）若立真穴之向度後，能配合特朝之奇峰，這是最好的，即生旺向度上能選取最勝之峰。

（二）若在真龍穴上，有特朝奇峰對照，但不合龍運及水運，則不能選取最勝之峰，宜立當元向度，多是立隔離一卦之向。

（三）若真龍真穴既以點着，若時運未致，則可以寄金方式臨時安葬，待元運到時，即可邀福。

（四）有些真龍真穴，是雙山雙向的話，亦可立上雙山雙向之得元向度。

所以，任何作法，其首要條件，是要能懂得尋龍點穴之法，再以理氣配合元運而選取穴向。這就是要：

（一）巒頭學得精。理氣得真傳。

（二）龍、水、穴、向之元運要明白了悟。

自然而然，穴之向度，就能決定；這些知識，若不得明師真傳，豈能明白呢！非十年八載不能為之。

寫一偈曰：

真穴立向
朝峰特強
巒頭理氣
配合吉祥

《本篇完》

（廿三）量度向度的技巧

繼大師

羅盤是風水師給人家做風水的法器，無論陰陽二宅，沒有它不能定出吉凶，它雖然與指南針一樣，都是量度方向的工具，指南針只有度數，而沒有羅盤上分別吉凶的刻度，坊間有很多不同派別的羅盤，各家各派，刻度不同，吉凶說法自然不同。

在各派的羅盤中，內層大部份都有廿四山刻度，即是：

「壬子癸、丑艮寅、甲卯乙、辰巽巳、丙午丁、未坤申、戌乾亥。」

在地球的磁場中，以南北極為中線，在羅盤上為正「子、午」向，以 360 度分出廿四山（即 24 格），每一山有 15 度，這是粗略的量度。

以筆者繼大師的認知，在沈氏玄空法中，就是用廿四山作為飛星的吉凶理據，三合家的風水理氣，其向度可劃分 72 龍，又有 120 分金立向線度，三元家有 64 卦線度，每一卦分 6 爻，共 384 爻，平均每一度有 0.9375 爻，比起一個圓週有 360 度還要細微。

雖然各家各派不同準則，但在邏輯推理上，筆者繼大師認為愈是細微就顯得愈準確，無論用那一家的理氣，若使用「正五行擇日法」用事去配合坐向的話，大部份都會用廿四山的「干支、四隅卦」的五行，作為擇日扶山相主的相配五行。

無論陰陽二宅，其坐向在量度的過程中，有着非常高超的技巧，有些人並不注意到附近是否有磁鐵的影響，包括大廈內有鋼根、鐵器，量度者的手提電話或電子手錶或器材等，都會影響磁場。

以筆者繼大師個人經驗，這些都會使羅盤磁針無法準確量度向度，就算在大廈外面地下量度向度，地下也會有電纜、通訊電線、坑渠蓋等，均會影響磁場。

假若有人在大廈外的地下量度大廈單位的向度，然後再到單位內量度坐向，因為單位內有鐵閘、鋼閘、石屎鋼根牆，其兩者的向度大部份都不會相同，甚至在大廈外邊地下的不同位置量度，都有差別，有時地下泊有汽車，都會影響磁場。若有人提倡以大廈單位內所量度的向度為準，則與大廈原來真正的向度，必有差異，如果在「谷歌」(Google Earth)高空圖量度向度作參考的話，就可以更加清楚準確。

有一位朋友，他為他的父親在一處公眾墳場安碑立向，在量度墳碑向度時，並沒有注意近墳頭後方那幅防止山泥傾瀉的護土石屎牆，由於護土牆內鋪滿鐵網，有水泥覆蓋著，不以為意，又距離墳頭非常接近，公墓墳碑一般在墳頭處。

朋友用八吋六的羅盤量度碑向，雖然不是細小的羅盤，但量度向度的準確性不大，加上有鐵網的影響，他量度出的向度為「乙山辛向兼辰戌」。

我對他說，量度公墓墳碑向度，後方護土牆內有鐵網，很難準確量度，筆者繼大師告訴他要用特別方法量度，始能準確無誤，正確為「卯山酉向兼乙辛」，足足差了一個廿四山，即四個64卦卦位，他啞口無言，驚訝不已。

我又說，福人居福地，不必擔心，一切都是命運所然，總之前方正向大局，收到逆水，定無大礙，其實自然立向就是最吉祥。

這必須懂得山水零正，配合當元元運，立取大吉卦線向度，以龍虎二砂及靠山作自然立局，須具足福德，再得明師真傳，方可為之。

《本篇完》

山巒屏障層層疊疊而下

一字文星案

凹峰及特朝

離鄉砂

（廿四）羅城凹峰及坳風射穴之看法 ── 巒頭方位避煞法

繼大師

在一般真龍結穴中，除靠山及龍虎砂外，未必一定有特朝之山，若然穴前一片平坦，沒有山丘，這即是龍穴天心十度中缺乏前方之朱雀應星。

有一些龍穴沒有案山，但有龍虎二砂交與前方之左右，而龍虎二砂之外，有群山環繞，但唯獨穴正朝不是山峰，是朝羅城中之山與山之間之凹位，是謂「天關」，又稱「凹峰」，或「坳峰」，是風門。

穴以朝羅城中之凹位為門，其凹位像門口，收羅城外遠方之生氣，其凹位最好正朝穴場為佳，若在穴場前方偏左或偏右則次之，若真如此，穴恐怕是假結。若正朝之凹峰比穴場低，凹峰之外又沒有山峰填補，則成送水局，水氣一去不回頭。

凹峰以寬闊有情為吉，窄而尖者則對穴有尖凹沖射，皆是凶格。凹峰以在穴場之前面為佳，若凹峰出現在穴後範圍，皆是凶格，因凹峰有風在中間經過，在穴後方是風吹頭，稱為「坳風掃腦」，出人多短壽，或後人有頭痛、頭患、精神病、神經衰弱，嚴重者會神經失常，甚至出白癡兒，因凹峰有風吹過，若墳穴內之骨殖受坳風吹射，骨必呈現黑色，若骨殖受界水所浸，亦會出現黑色，其嚴重性更比受風吹為甚，風煞之昇華是水煞，故此穴受凹風吹射皆凶。

「凹風」有別於「凹峰」，「坳風」亦有別於「坳峰」，雖然是同一樣之東西，但形容不同，不論用甚麼名詞形容，凹峰中間的坳風切不可在前、後、左、右，乃至八方而吹射穴場，不論寬窄皆凶。凹風只可出現在真龍結穴正朝羅城中間，穴正朝凹峰是大旺人丁。羅城中之凹峰，筆者繼大師認為其看法如下：

（一）凹峰要正朝穴前，寬闊為吉，尖窄為凶。

（二）凹峰要端正，不可反背側身。

（三）凹峰之底部要高，與羅城之勢配合，比結穴處略高，凹峰之外邊，要有山峰補在凹位中間，為**「幛峰補缺」**，高要齊眉，低要齊心，這樣便成逆水朝砂，穴收逆水，主丁財兩旺。

（四）羅城凹峰若低遠，穴前水必直出凹峰之位，這樣在羅城凹峰之外要有遠朝秀峰填補，以作關欄，否則成去水局，丁財大敗。

（五）羅城凹峰若出現在穴前之左或右方，則屬次吉，但亦要在方位上得位為要，若在空亡煞位上皆不吉，空亡位若在申方，則尅應後代申年生人有凶險。

至於出現在穴後方之左或右的凹峰，是為穴受坳風吹射，坳風射穴之看法，筆者繼大師述之如下：

（一）若坳風吹左方位置，主應大房。

（二）若坳風吹右方位置，主應三房。

以上是粗略斷法，若在穴中用羅經量度該凹風發自何方，則應其方位年份生人及所尅應之年份。

正如**《風水口義》**有云：**「龍山凹風來長，為虎山障迴。吹棺翻左，主退長，若虎山低小可免，虎山凹風仿此。」**

此即說明穴之左邊龍方，其山與山間有凹位，凹風吹穴，而穴之右邊虎方有山闌欄，則左方來之坳風吹射，骨殖必呈現黑色，嚴重者黑爛，左方凹風吹穴，主長房敗財，亦主有怪病等。

「若虎山低小可免」，此句筆者繼大師不敢苟同，若虎山低小，此龍方凹風吹穴，風至虎方而去，這樣龍虎二砂定高不過穴，這有兩種可能：

（一）龍虎二砂沒有出現，或二砂欠缺，這需要在龍虎遠處有山守護方可使用。

（二）結穴之處定是漏胎，以致龍虎二砂不能抱過穴位，則來龍氣脈多是虛假。

至於坳風在穴前中間出現，若凹坳尖窄而吹射穴，則應二房，但往往有尖窄出現穴前，則多是虛花假穴，但若凹坳闊大，則不是吹射，而是**「穴朝天關」**，大吉之象。

其道理正如竹山湖著之**《記師口訣節文》〈第卅八章論立向〉**所說，其中有云：

「若見穴中有凹風箭吹。不得已挨歸或左或右。一邊閃避凹風。亦解劫倒一房人財不興。惟有第二、第五、第八第、十一等房。人財無憂。」

凹峰在穴前朝穴，除凹形端正外，闊窄要適中，方位要正朝吉穴。若凹峰出現有偏，則穴之位置或有所偏差。凹峰外有高大奇峰獨現，則極佳。若沒有獨峰，則凹峰底部之腳要高，若成逆水而朝穴更佳。凹峰與獨特之朝峰，其理是一陰一陽，一閉一空，各具特色，但功能不同，兩者皆是大吉之山巒。

至於筆者繼大師之經驗，有一些結穴，雖不是具足結穴之條件，但若來龍真，氣脈真，四應星亦有，但唯一欠缺是白虎方有坳凹吹射，右方凹風射穴，若有此等結穴，並非不能取用，我們可用人工補救法改造之，方法如下：

（一）古法以空棺與真棺同葬，空棺放在有凹風射穴之方，擋去凹風，保護真棺內之葬者，再者在凹風吹來之方，堆土保護吉穴，再植矮樹一排，但要小心樹的種類，根部發達的樹不能種，以免根部插入棺木內的骸骨中而禍及子孫。

（二）所葬之祖先，其後代若只得兩房人，而穴之白虎方有凹風，則只應第三第六第九房等人，若其後代沒有第三房人，則穴之凶相，禍不應至其後代一、二房等人。

其次再量度凹風在羅經廿四山何位上，若是在「酉」方，而穴是坐「子」向「午」的話，則需要檢查後代房口是否有「酉」年生人，其次是「巳、丑」年命等人，若沒有此等人，則可放心將祖先下穴。但其後，則是小心留意，囑咐後代不可於「酉、巳、丑」等三合年份懷孕生子。

此即是用巒頭、方位、年命在陰宅造葬上之配合，是筆者繼大師經歷多年來之秘密心法口訣，今不忍見世人造葬，多犯巒頭之煞而不懂用年份及房份法避之，以致招來凶事，故特公開其秘，此法名：

「巒頭方位避煞法」

此避煞法是用於真龍結穴而帶瑕疵之地，太凡真龍結穴，以來龍真氣脈為主，若龍不真，其他再好也不能造葬，這要看地理師之點地功夫了。

在**《堪輿秘笈寶卷》之十一〈定穴諸法〉**中。載有**《凹風定穴》**之法，（士林出版社第152頁）筆者繼大師茲錄如下：

「凹風吹蕩。本不可葬。然真龍藏倖。多有之者。使人畏避。不敢下手。不知只要躲得他過。便是真穴。風左則穴右。風右則穴左。風上則穴下。風下則穴上。惟山谷則甚畏之。若出陽則風散。雖空闊有風。亦不為害。

王吉仙與人葬一地。其形如掌中指。點臨指有上下砂者。皆不甚發。惟大母指。下手空闊。並無遮蔽。只是眾水到堂。其氣乃聚。不畏其風也。子孫富貴綿遠。」

此段《凹風定穴法》，筆者繼大師解釋如下：

（一）所葬之地，有凹峰出現，致坳風吹穴，本是不可造葬，但若是真龍所結之地，有凹風出現，使人懼怕，不敢造葬下穴。但若把凹風避過便可造葬。

（二）若凹風在左方青龍位上出現，穴則取來脈之白虎右方造葬，以避過凹風之吹射。若凹風在右方，穴則取左。

（三）不論凹風出現穴之左方或右方，若凹風在高處，穴取龍脈下方。若凹風在低處，穴取龍脈上方處，務求避脫凹風在左右吹射。

（四）若結穴處是山谷中，則穴更怕凹風吹射，因穴之四面緊閉，若一方有凹風，其風勢尤盛。

（五）「若出陽則風散」意思即是穴前開陽寬闊，而空闊有風多在外明堂處，若羅城有凹風，即天關，亦即風門，收關外秀氣，故不怕。

（六）此尾段部份，是以王吉仙地師點之掌中指穴為例，每一手指意寓每一落脈，惟獨以取大拇指為例，即是眾脈長而取其短者是也，此乃取脈之法。而這穴雖下關不夠，空闊無關鎖，但穴前眾水到堂，是水聚天心，故不畏其風。

若有真龍結穴而有凹風吹射之瑕疵，古法有破解之道。若有凹風由穴之白虎方沖穴，則用空棺置於穴之白虎右方，深淺與穴墳一樣，用以遮避凹風，使不能沖穴，若然如此，墳穴內之骨殖不致被白蟻所侵食。

此法記載於**《堪輿秘笈奇書》**之**〈穴內作用廿九法〉〈凹法〉**，（士林出版社第 1220 頁）筆者繼大師茲錄之如下：

「凹法 —— 有來龍秀異。結穴之處。或有左凹右缺。有風吹其穴。當以法度作之。其法不拘左右。俱開壙於金井中。與穴相連，深淺與穴一樣。用空棺木放於穴內。當有凹風之處。以避遮其凹風。然後扶棺葬之。則無白蟻食墳。故房房均旺。人才茂盛。」

穴之瑕疵，少則可補救，但若有一大瑕疵以致不能補救，則穴可棄之，不可使用。這即是劉若谷先生**《千金賦》**之：

「莫道滿盤盡美。須知一破餘皆非。」

凹峰之出現而產生凹風（坳風），務必謹慎處理，分辨吉凶，吉則納，凶則化之。這必須由明師親授，煉歷多年不可。

寫一偈曰：

凹峰化凹風
坳風實雷同
得訣能化解
人財兩興隆

《本篇完》

寬闊凹峰為吉祥

狹窄凹峰為不吉

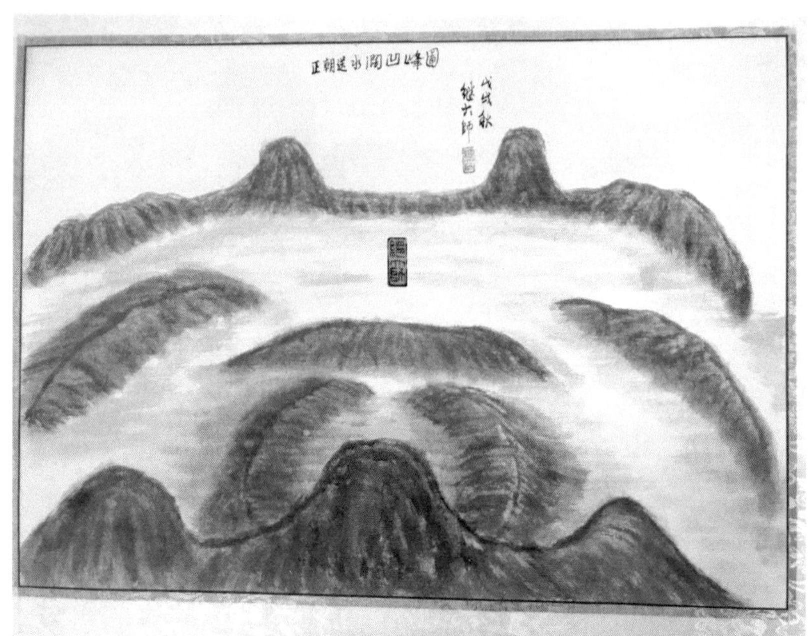

穴前順水寬闊凹峰

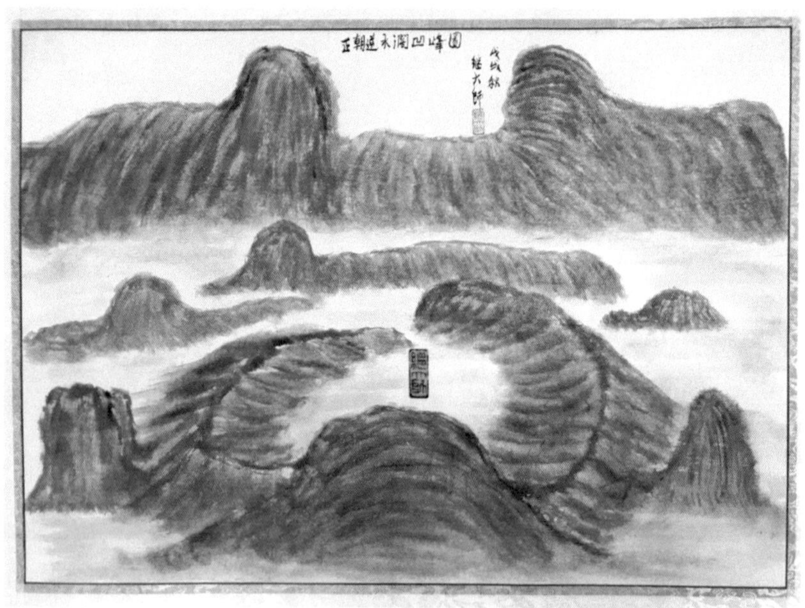

穴收逆水寬闊凹峰

合格 — 凹峰高於穴星為合格

不合格 — 凹峰低於穴星為掃腦

吉穴正朝逆水凹峰

（廿五）墳墓四週築牆的秘密法

繼大師

在清末民初時期出版了一本書名為《陰宅透解》副題為《真傳地理實用寶鑑》，作者不知是誰，全書是文言文，因為書本已被人改頭換面，但在〈自序〉一文中，內容有透露，作者曾經為袁世凱修改祖墳風水，使袁氏為首任中華民國大總統，及做了百日皇帝。

在書中的序文中，分為四段，內容說出：

風水地理之力，能影響全族人的盛衰，子孫興廢等，風水地學，上應廿八星宿，下察七十二龍，吉凶禍福藏於八卦中，自古地理善本特少，人們多穿鑿附會，惑民欺世，真道尤如啞謎。

該書作者學習風水多年，未曾得着，後在南京跟隨當地風水明師看地，並借閱風水秘本數十種，始知風水要配合巒頭理氣，在努力鑽研兩年後，為人相宅卜葬數十次，準確性有九成，後稍有名氣。

當他住在旅館的時候，有一位客人手持一信相見，並告訴地師作者說：

「袁慰庭（袁世凱）**為參贊而長管百僚，其陰宅風水美不待言，而今他被解除職務而告老歸田，險遭不測，懷疑他的墓地有破敗，延聘各處有名地師覆看，皆說龍真穴的，向水相合，貴不可言。**

未有人能指出他被解除職務的原因，及在風水上最關鍵的破敗之處，故此袁世凱特書一信囑咐本人（此信之傳遞人）**，再覓風水名家到祖墳覆看，先生既然閱歷風水吉地甚多，富有經驗，自能造詣精深，必定能找出原因，煩請一行。」**

翌日，此地師作者到袁氏祖墳勘察，時為公元 1910 年（庚戌年）發覺穴地有朝山、平托，明堂廣濶，貴峰羅列，實是大貴之地，但在袁公位列高官職位之後，為了墓穴壯觀好看，故此在穴地之前後左右，建築圍牆，此地師作者謂：

「龍身受圍牆所制，氣脈阻塞，不能發旺，反遭挫跌。」於是地師作者建議袁氏拆卸牆垣，回復舊觀，於是袁世凱命工匠拆除，三年之後，成為民國元首。

袁世凱，字慰廷，號容庵，漢族，是河南省，陳州府，項城縣人，故又稱袁項城，生於公元 1859 年（己未年）陽曆 9 月 16 日，於公元 1913 年（癸丑年）10 月 10 日為首任中華民國大總統，曾是清朝官員及北洋新軍領袖，於公元 1916 年（丙辰年）6 月 6 日逝世。

地師作者在序文中的最後一段說出，若葬得好地，還須建築適宜，方能發福，並謂俗師相地，只取形勢美觀，不顧理氣之方向及方位，吉凶倒置，不忍坐視，故此撰寫此本《陰宅透解》，以示後學。

在穴地四週，建築高圍牆，把穴地圍繞，穴地必然受困，生氣鬱結。筆者繼大師曾屢見這種情況，有一友人曾在大鵬灣請風水師造葬亡父，葬後他做生意的業務蒸蒸日上，賺了很多錢，並且資助他的姪子到外國讀書，誰不知他弟弟謂：

「發哥哥而不發他本人。」

並再次聘請別的風水師勘察，風水師說穴前水去，生氣不聚，命地匠在墓前築磚成矮牆圍繞，做後友人生意一落千丈，並且破產，他的姪子沒錢讀書，立刻回港，真是福份欠缺，可憐也。

在馬泰清著《**三元地理辨惑**》內〈**第五十二問**〉（香港上海印書館出版，第58頁）云：

「問：嘗見淮水以北，有築牆以葬墳之人，其方法如何？」

筆者繼大師用白話文意譯如下：

「**答：筆者**（馬泰清）亦曾見過，可惜他們所使用的，俱是三合輔星之法，若依照三元元空理氣使用之，其力量亦不減於真龍結穴之地，這是平陽龍法中的權宜之計，如水鄉之平洋地亦可用之。

因平陽地及平洋地，無砂脈圍繞纏護，四方環望，無砂兜收，擇得寬敞乾燥之高地，立穴於中間，墳之左右兩肩處約四、五丈，可築一圍牆齊肩，四面圍之，能隔去凶砂惡水，令在墳上不能得見，擇圍牆一處開門，合於元運當令當旺之方，依照水口城門之法例而造作，亦能發福不替。」

筆者繼大師認為穴地四週，建築高圍牆，山崗龍與平陽地及平洋地的墳墓有所不同，在平洋地上的墳墓，要建築圓形的圍牆，與墳墓的外型差不多，在墳墓的後、左、右三方，其距離要適中，配合方位，前面方向要配合當令之元運，始可發福。

山崗龍與平崗龍的修造方法，有所不同，它包括有「向法、水法」的重要理氣因素，要精於巒頭及理氣，兩者配合，方能發富，非得明師真傳不可。袁世凱最初的祖墳，就是犯了理氣方面的凶煞，不能與巒頭配合，故此招凶。

筆者繼大師回想，就算給袁世凱的祖墳修得全合風水，那又如何呢？袁氏又故意再建立帝制，不過只做了一百日皇帝，自己的福份如何承擔得起呢！

若不是想自己的官位如何高，但若有能力使國家人民得安樂，兩餐温飽而太平天下，這樣已經是非常萬幸了，不在乎位高，只怕自己的能力能否勝任，風水只是助緣，若貪圖權力而致國家混亂，終成歷史罪人，這又何必呢！

想當年，秦始皇於公元前 221 年立國，公元前 214 年修建萬里長城，把北方所有戰國時代的守護城牆連接一起，再行加建，使北方地區全部欄截圍繞。

長城東起山海關，西至甘肅嘉峪關，東至鴨綠江，不知是否因築長城而破壞了秦國在統治全中國下的風水，以致國運改變，秦始皇於四年後（公元前 210 年）去世，公元前 207 年秦朝滅亡，中國又改朝換代了，莫非與修建萬里長城有關！

現在美國在墨西哥邊境擬築起圍牆，阻止難民湧入美國，這又是否影響美國國運呢！我們可以拭目以待！

《本篇完》

（廿六）如何決定陽居及陰墳的元運

繼大師

一般人學風水，有三合、沈氏玄空飛星、三元等三大派為主流，三合家分天地人三盤，定出收山、出煞、立向及放水之位置，以一百二十格分金格龍立向，並沒有元運之說。三元派以六十四卦元空大卦之時運定生旺吉凶。

沈氏玄空飛星派有「山星、向星、挨星、替卦、三般卦、下卦起星、七星打劫等。……」以建屋時間去決定元運生旺，這是模仿蔣氏三元派以時運生旺定吉凶之另一個支派。最後沈氏玄空飛星把三元元空大卦的元運觀念給予混淆，以致混亂了三元元運的觀念。

在坊間，由於沈氏玄空飛星派的元運觀念所影響，大多數人以為用建屋的時間去決定元運，或是認為入住新居的時間去決定屋之元運，或由造葬陰墳的時間去決定墳穴之元運。

例如房屋建於二〇〇二年就是七運樓，（1984 年至 2004 年為七運）若業主轉手，新買家於二〇〇八年入伙，入住的時間就是八運樓（2004 年至 2024 年為八運）。若新業主在 2023 年買了 2002 年建成的舊屋，在裝修後於 2024 年立春後始搬入新居居住，那麼在計算元運方面使用七運、八運還是九運呢？這裡有很多問題出現。

又例如有祖先陰墳，祖父母在上元四運時下葬（1924 年至 1944 年為四運），至六運時（1964 年至 1984 年為六運）再加葬父母在祖父母墳穴中。那麼在計算元運方面，當作四運還是六運呢？

很多人對於陽居及陰墳的元運的問題一知半解，人云亦云，沒有主宰，這都是源於信仰個別風水支派所提倡的「定元運」觀念，這並非真正的風水效應，更不能準確地掌握元運。

以筆者繼大師的認知，用易卦元運來定吉凶的話，元空大卦必能掌握，因為「元空」即「時空」，亦可稱為「玄空」，但現時已混淆。

「元空」雖然即是「玄空」，但「元空」多指三元元空大卦之派別，「玄空」多指「沈氏玄空」之飛星派別，現時這種學理在坊間已根深蒂固，影響正統的蔣氏三元易盤大卦。本人所說的，故然令人難以接受，但這是說真實的話。

話說轉頭，蔣氏所提倡之三元元空大卦，其元運之說，屢見於他的著作上。在蔣大鴻著《**字字金**》的論述中，有非常精闢的見解，其中在《**三元氣運第十一**》云：

「三元氣運。分別衰旺。衰死莫修。生旺宜速。逢時知士。（知士：才智之士。）**隨元安放。運若未到。空勞夢想。」**

筆者繼大師解釋這裡的重點是：

「無論陽居或陰墳，在失運、煞運時莫修造，若在生旺之運時，則宜速速修造，如時運未到之時，則空勞夢想。」

又曰：**「衰運之墳。千萬莫修。煞氣驚動。一門立休。百禍相侵。神盡難救。勿動為吉。尋吉補助。得運之地。如種及時。速種速發。特理之宜。」**

這裡說明：**「衰運之墳。千萬莫修。…… 得運之地。如同植物及時耕種，能速種速發，乃致豐收。」**

很明顯，當運與失運是決定於墳穴或陽居之坐向，假若新建之墳穴或陽居在建造時當逢旺運則速發，相反逢煞運建造則衰敗。另外一點，雖然建屋時並非煞運，但入住後一段時間，交入煞運後，行至屋坐向干支的年份，亦會尅應凶事。

例如屋坐向是午山子向，一運坤卦☷向，下元九運當煞（九運：2024 年至 2044 年），若在 2023 年八運尾時入住，（八運：2004 年至 2024 年）一交入 2024 年立春後，凶事出現，難所避免。

另外有一秘密口訣，筆者繼大師今首次公開與各讀者分享如下：

「如上例所說，房屋坐向是「午」山「子」向，一運坤卦☷向，下元九運當煞，一運至九運中，合共 180 年，若然行上八運中之「午」年，如行至 2014 年「甲午」年，元運還未當正煞運，故風險尅應不大。

若行至2026年「丙午」年，正當九運煞運而逢「丙午」年，屋又坐山位於南方的「丙、午、丁」三山中的「午」位上，那煞運加廿四山干支，再加上當元煞運，那麼這年就一定有凶險發生。這是非常靈驗的！

雖然同是在「午」年應驗吉凶，但八運之「甲午」年，與九運之「丙午」年，有着元運上的差別，此點極少人知！」

若碑墳立上黃泉八煞之空亡線度，則人丁敗絕，空亡煞線坐向，雖然沒有元運限制，但行至廿四山干支年份位置上，仍然會尅應凶事，不可不知也。

若是陰宅祖墳，無論出現在那個元運，只要安墳立碑逢上煞線，時間行至在羅盤廿四山干支之方位上，後人必定遭殃，極之靈驗。

因此筆者繼大師之元運尅應口訣是：

「不能用建屋或入住的時間去決定元運。」

這點是大謬也！

蔣氏所提倡三元元空大卦之氣運，是以卦運之元運配合向度之元運，再依山水零正及陰宅或陽居穴地之地勢定出吉凶，以陰宅或陽居之坐向在羅盤方位上的廿四山干支，推算出尅應吉凶所發生的時間，這樣非常精緻準確，此為秘中之秘，知者要守秘，莫輕易泄露。

《本篇完》

（廿七）繼大師《點穴、界水、羅城歌訣》 — 繼大師著並註解

（一）《點穴歌訣》 — 繼大師著並註解

界水深相連。星辰不開面。縱有龍虎氣不全。來龍氣脈綿。毬唇托不現。即使落脈穴是嫌。

天心十度顯。四正又齊全。元運衰旺一向剪。星辰唇托現。近穴四獸獻。定是龍穴不需遷。

繼大師註解：點取吉穴時，先取星峰開面落脈，星峰端正，主脈在中間落下，左右有微微界水，為八字水，始為之「開面」，是真龍脈氣，所以雖然左右有界水深相連。星辰不開面，即是雖有主星山丘，但屬凹窩之地脈，山形凹陷而下，縱然左右有龍虎護脈，則脈氣不全，為之不開面，非真脈也。

若來龍氣脈源遠且綿綿不斷，但脈氣行到似乎有結穴之處，但沒有變化起伏，最重要的是沒有出現平托（即唇托不現），即使有落脈，的穴處有嫌疑，非真結之地。穴位之前後左右有四正山峰，謂之：

「天心十度顯。四正又齊全。」

穴前有平托及朝案山峰，穴之「四獸」即：

「後方玄武，前方朱雀，左方青龍，右方白虎。」只須立得大吉向度，便是真龍結穴，毋須他遷。

（二）《界水歌訣》 —— 繼大師著並註解

界水來龍黃白共。平洋不與高山同。一凸為靠壞水龍。一水為靠敗山龍。水龍山龍不顛倒。巒頭理氣配合用。記師真訣秘中秘。衰旺零正要適從。

繼大師註解：「界水」指在平洋龍中的水流，或是山崗龍地形中的凹坑，無論坑中有水流與否，平洋龍或山崗龍中間就有地氣在脈上，結穴在其中。山崗龍以穴後星辰山丘為父母星，丘高端正，形穩為佳。若星丘後方來龍到頭一節處，有水流出現，橫過後方，則界斷脈氣，破壞龍脈，穴位無地氣必敗。

若是平洋龍，以水為龍，穴以得彎環屈曲之流水兜抱為主，生氣融和，穴以水流為靠，若堆土使出現突出的穴星，則陽和之生氣被遮蓋，穴則敗絕。所以水龍山龍得氣之觀念，切不可顛倒，否則易生凶險。

巒頭要配合理氣使用，此乃明師真訣中之秘中秘，加上穴向之衰旺零正要適合，則大吉也。

（三）《羅城訣》── 繼大師著並註解

羅城一訣甚為難。遠近護穴氣難散。無缺為上有缺要遮攔。高低適中有缺朝山間。逆水擋砂兼羅傘。貧窮下賤不復還。

繼大師註解：「羅城訣」少人知，羅城是穴前方可見的範圍內，有群山相連環繞兜抱，像城牆一樣，關鎖穴前堂局生氣，為穴所受用，遠近距離要適中，高低相宜，高度在心胸與眉之間，穴能正朝在羅城中間突出的朝山，或是穴正朝羅城中間寬闊的凹峰，凹位下方有橫脈相連，為之逆水凹峰。

凹外有山峰出現，高聳端正，補缺障峰，是為逆水凹峰，為羅城之一部份，穴前要有橫案關欄作擋砂，保護穴場，使逆水不能沖穴。

穴後有「羅傘」，即是「後照星」，靠山像傘蓋一樣，出官貴，且富貴雙全。例如廣東韶關南華寺前方正朝端正之御傘，當年六祖慧能大師被武則天召請入宮，後詐病推卻，正是御傘的功能，不過並非在寺的後方，而出現在朝山而矣。

《本篇完》

《勸勉地師文》——繼大師

各有前因莫羨人。點穴功夫幾人能。手把羅經弄一弄。袋中錢財滾滾增。眼前利益盡忘義。那怕因果報應生。名與利。總有因。無時莫強求。有時且隨身。放下身心隨緣去。莫教執著無明生。尋龍點穴非等閒。只許大善人得聞。俗輩那得幾人知。得來功夫全不易。得與失。莫去執。點穴給人墳。誰葬點穴人。撫心問一問。是否負蒼生。

《本篇完》

後記《穴法精義》——繼大師

約在辛巳年由丹青公司出版《風水巒頭精義》，至本年初（癸卯）重新整理，交由榮光園再版後，筆者繼大師覺得需要將穴法詳細解釋，由於穴法深奧，初學者不易明白，甚至職業風水師也難於完全了解，於是再撰寫此本《穴法精義》，因大地形勢複雜，變化萬千，窮一生之力，也難以理解。

是書中的穴法，為山崗龍穴法，以兩廣丘陵地勢為主，在點取吉穴時，雖有証穴法，但必須觀察流水動向，配合穴位之大局形勢；現代人有「高德、谷歌（Google Earth）」，地勢可一目了然，然而有法眼的地師少有，龍雖可尋得，但能精準點得的穴位置，能寸步不移，這種地師，確實少有。

風水學習者須用証穴法細心推敲，點穴以看來龍脈氣為最難，是書是一指引，須得明師傳授始能明白，令此等學問，不致失傳，一直傳承下去，發揚中國固有的風水文化。

三元理氣始於三國管輅、晉郭璞，經南唐楊筠松，至明末清初蔣大鴻得傳，至張心言，再至又元子元祝垚皞農氏，元氏所著《玄空真解》一書，披露不少秘密。

未來筆者繼大師將會把此本三元理氣秘本《玄空真解》重新註解，因版本長篇大論，篇幅太長，極需大量時間整理、打稿、編排，是筆者繼註解劉仙舫著《元空真秘》一書後的三元理氣重要經典，祈願能順利完成及得以出版，令三元理氣學問能流傳下去。

繼大師寫於香港明性洞天

癸卯季秋吉日

榮光園有限公司出版 —— 繼大師著作目錄：

已出版：正五行擇日系列

一《正五行擇日精義初階》二《正五行擇日精義中階》

風水巒頭系列 — 三《龍法精義初階》四《龍法精義高階》

正五行擇日系列 — 五《正五行擇日精義進階》六《正五行擇日秘法心要》

七《紫白精義全書初階》八《紫白精義全書高階》九《正五行擇日精義高階》十《擇日風水問答錄》

風水巒頭系列 — 十一《砂法精義一》 十二《砂法精義二》

擇日風水系列 — 十三《擇日風水尅應》十四《風水謬論辨正》

風水古籍註解系列 — 十五《三元地理辨惑》馬泰青著 繼大師標點校對

十六《三元地理辨惑白話真解》馬泰青著 繼大師意譯及註解

風水巒頭系列 — 十七《大都會風水秘典》 十八《大陽居風水秘典》

三元卦理系列 — 十九《元空真秘》原著及註解上下冊（全套共三冊）劉仙舫著 繼大師註解

風水祖師史傳系列 — 二十《風水祖師蔣大鴻史傳》

三元易盤卦理系列 — 廿一《地理辨正疏》蔣大鴻註及傳姜垚註 張心言疏 繼大師註解（全套共上下兩冊）廿二《地理辨正精華錄》

大地遊踪系列 — 廿三《大地風水遊踪》 廿四《大地風水神異》

廿五《大地風水傳奇》與 廿六《風水巒頭精義》限量修訂版套裝（廿五與廿六全套共二冊）

正五行擇日系列 — 廿七《正五行擇日精義深造》

風水古籍註解系列 — 廿八《千金賦說文圖解》—（穴法真祕）— 劉若谷著 繼大師註解

大地遊踪系列 — 廿九《都會陽居風水精義》 卅《水法精義》

正五行擇日系列 — 卅一《正五行擇日尅應精解》

風水巒頭系列 — 卅二《風水祕義》 卅三《穴法精義》

未出版：

風水祖師史傳系列 — 卅四《風水明師史傳》

大地遊踪系列 — 卅五《風水靈穴釋義》

卅六《大地墳穴風水》 卅七《香港風水穴地》 卅八《廟宇風水傳奇》 卅九《香港廟宇風水》

四十《港澳廟宇風水》 四十一《中國廟宇風水》

三元卦理系列 — 四十二《三元地理命卦精解》

風水古籍註解系列 — 繼大師註解

四十三《青烏經暨風水口義釋義註譯》

四十四《管號詩括暨葬書釋義註解》 四十五《管氏指蒙雜錄釋義註解》

四十六《雪心賦圖文解義》（全四冊）

榮光園有限公司簡介

榮光園以發揚中華五術為宗旨的文化地方，以出版繼大師所著作的五術書籍為主，首以風水學，次為擇日學。

風水學以三元易卦風水為主，以楊筠松、蔣大鴻、張心言等風水明師為理氣之宗，以巒頭（形勢）為用，擇日以楊筠松祖師的正五行造命擇日法為主。

為闡明中國風水學問，用中國畫的技法劃出山巒，以表達風水上之龍、穴、砂及水的結構，以國畫形式出版，亦將會出版中國經典風水古籍，加上插圖及註解去重新演繹其神韻。

日後榮光園若有新的發展構思，定當向各讀者介紹。

作者簡介

出生於香港的繼大師，年青時熱愛於宗教、五術及音樂藝術，一九八七至一九九六年間，隨呂克明先生學習三元陰陽二宅風水及正五行擇日等學問，於八九年拜師入其門下。

《穴法精義》 繼大師著

出版社：榮光園有限公司 Wing Kwong Yuen Limited
香港新界葵涌大連排道35 - 41號, 金基工業大厦12字樓D室
Flat D, 12/F, Gold King Industrial Bldg. , 35-41 Tai Lin Pai Rd,
Kwai Chung, N.T., Hong Kong
電話：(852) 6850 1109
電郵：wingkwongyuen@gmail.com
發行：聯合新零售(香港)有限公司 SUP RETAIL (HONG KONG) LIMITED
地址：香港新界荃灣德士古道220～248號荃灣工業中心16樓
16/F, Tsuen Wan Industrial Centre, 220-248 Texaco Road, Tsuen Wan, NT, Hong Kong
電話：(852) 2150 2100
電郵：info@suplogistics.com.hk
印刷：榮光園有限公司 Wing Kwong Yuen Limited

作者：繼大師
繼大師電郵：masterskaitai@gmail.com
繼大師網誌：kaitaimasters.blogspot.hk

《穴法精義》繼大師著
ISNB 978-988-76826-5-3

定價：HK $800-
版次：2023年11月第一次版